Impressum
Verlag: BABADADA GmbH, Nedderfeld 112 , 22529 Hamburg
Geschäftsführer / Verlagsleitung: Harald Hof
Druck: Books on Demand GmbH, In de Tarpen 42, 22848 Norderstedt

Imprint
Publisher: BABADADA GmbH, Nedderfeld 112 , 22529 Hamburg, Germany
Managing Director / Publishing direction: Harald Hof
Print: Books on Demand GmbH, In de Tarpen 42, 22848 Norderstedt, Germany

ቤት-ትምህርቲ

de School

ክፍሊ, ክላስ
de Klassenstuuv

መቀለ
delen

186/2

ሰሌዳ
de Tafel

ቀጽሪ ቤት-ትምህርቲ
de Schoolhoff

መምህር
de Schoolmeester

ወረቐት
dat Papeer

ጻሓፊ
schrieven

መጽሓፊ
de Sticken

ጣውላ ምጽሓፍ
de Schrievdisch

መስመር
dat Lienholt

መጽሓፍ
dat Book

ተመሃራይ
de Schöler

ሳንጣ ትምህርቲ

de Ranzel

ሰፈር ብርዒ

de Feddermapp

ርሳስ

de Bleesticken

መብልሒ ርሳስ

de Scharpmaker

መደምሰሲ

dat Radeergummi

ጥራዝ ስእሊ

de Tekenblock

2   **ቤት-ትምህርቲ** - de School

ስእሊ

de Teken

ብርዒ ቀለም

de Pinsel

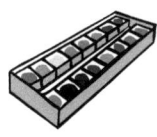

ቦክስ ቀለም

de Malkassen

መቐስ

de Scheer

መጣበቒ

de Klever

ጥራዝ መላመዲ

dat Heft to'n Öven

ዕዮ ገዛ

de Huusopgaav

12

ቁጽሪ

de Tall

2+2

መሰኸ

tohooptellen

5-2

ጎደለ

aftrecken

2×2

ረብሐ

malnehmen

ደመረ

reken

A

ፊደል

de Bookstaav

ABCDEFG
HIJKLMN
OPQRSTU
VWXYZ

ስርዓት ፊደላት

dat ABC

hello

ቃል

dat Woort

ጽሑፍ
....
de Text

አንበበ
....
lesen

ኩርሽ
....
de Kried

ሰዓት
....
de Stunn

መዝገብ ክላስ
....
dat Klassenbook

መርመራ
....
de Pröven

ሰርቲፊከት
....
dat Tüügnis

ድቢዛ ቤትትምህርቲ
....
de Schooluniform

ትምህርቲ
....
de Utbillen

ለክሲኮን
....
dat Nakieksel

ዩኒቨርሲቲ
....
de Universität

ሚክሮስኮፕ
....
dat Mikroskop

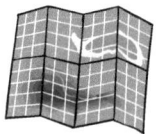

ካርታ
....
de Koort

ጎሓፍ ወረቐት
....
de Papeerkorf

መቻበሊ, አጋይሸ
dat Hotel

Grand

ሆስተል
de Harbarg

ROOMS

ቦታ ቅያር ገንዘብ
de Wesselstuuv

EXCHANGE

ባሊጃ
de Kuffer

መኪና
dat Auto

ቋንቋ

de Spraak

እወ / ኖ

jo / ne

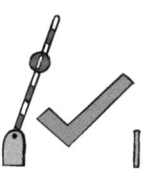

ሕራይ

Jo

ሰላም

Moin

አስተርጓሚ

de Översetter

የቾንሃለይ

Dank ok

. . . ክንደይ ዋግኡ?

Wat kost...?

አይተረድኣኹን

Ik verstah nich

ሽግር

dat Problem

ሰላም ምሽት!

Goden Avend

ከመይ ሓዲርካ

Moin!

ሰላም ለይቲ

Gode Nacht!

ደሓን ኩን

Tschüüs

አንፈት

de Richt

ጉዳዝ

de Bagaasch

ሳንጣ

de Tasch

ሳንጣ ሕቖ

de Rüchsack

ጋሻ

de Gast

ክፍሊ

de Stuuv

ክሻ መደቀሲ

de Slaapsack

ቴንዳ

dat Telt

ሓበሬታ በጻሕቲ ሃገር

de Touristeninformatschoon

ገምገም ባሕሪ

de Strand

ክሬዲት ካርድ

de Kreditkoort

ቁርሲ

dat Fröhstück

ምሳሕ

dat Meddageten

ድራር

dat Avendeten

ቲከት

de Fohrkort

ሊፍት

de Fohrstohl

ማሕተም ደብዳበ

de Breefmark

ዶብ

de Grenz

ድንና

de Toll

ኣምበሲ

de Bottschop

ቪዛ

dat Visum

ፓስፖርት

de Pass

de Transport

ነፋሪት
de Fleger

መርከብ
dat Schipp

መኪና መጥፍኢ ሓዊ
dat Füerwehrauto

ኣውቶቡስ
de Autobus

ናይ ጽዕነት መኪና
de Lastwagen

ጃልባ ሞቶር
dat Motoorboot

ብሽግለታ
dat Fohrrad

መኪና
dat Auto

ፈሪ
de Fähr

ጃልባ
dat Boot

ሞቶ
dat Motoorrad

መኪና ፖሊስ
dat Polizeiauto

መኪና ቅድድም
dat Rönnauto

ክራይ መኪና
de Lehnwagen

ምዉፋይ መካይን

dat Carsharing

መወሰዲ መኪና

de Afsleepwagen

መኪና ጐሓፍ

dat Müllauto

ሞቶር

de Motoor

ነዳዲ

de Kraftstoff

እንዳ ነዳዲ

de Tanksteed

ምልክት ትራሬክ

dat Verkehrsschild

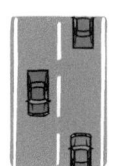

ትራሬክ

de Verkehr

ምጭቕጨቕ ትራሬክ

de Stau

መዐሸጊ መኪና

de Afstellplatz

መዕረፊ ባቡር

de Bahnhoff

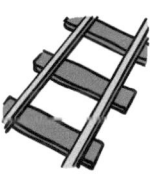

ሓዲግ

de Sporen

ባቡር

de Tog

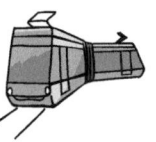

ትረም

de Stratenbahn

ባጎኒ

de Wagon

ሄሊኮፕተር
de Dwarsmöhl

መዓረፍ ነፈርቲ
de Flooghaven

ታወር
de Tower

ተጓዥ
de Fohrgast

ኮንተይነር
de Grootkist

ሳንዱቅ ካርቶን
de Karton

ኮርሳ ጽዕነት
de Koor

ዘንቢል
de Korf

ተበገሰ / ዓለበ
starten / lannen

ከተማ
de Stadt

ቀኍሽት
dat Dörp

ማእከል ከተማ
de Binnenstadt

ገዛ
dat Huus

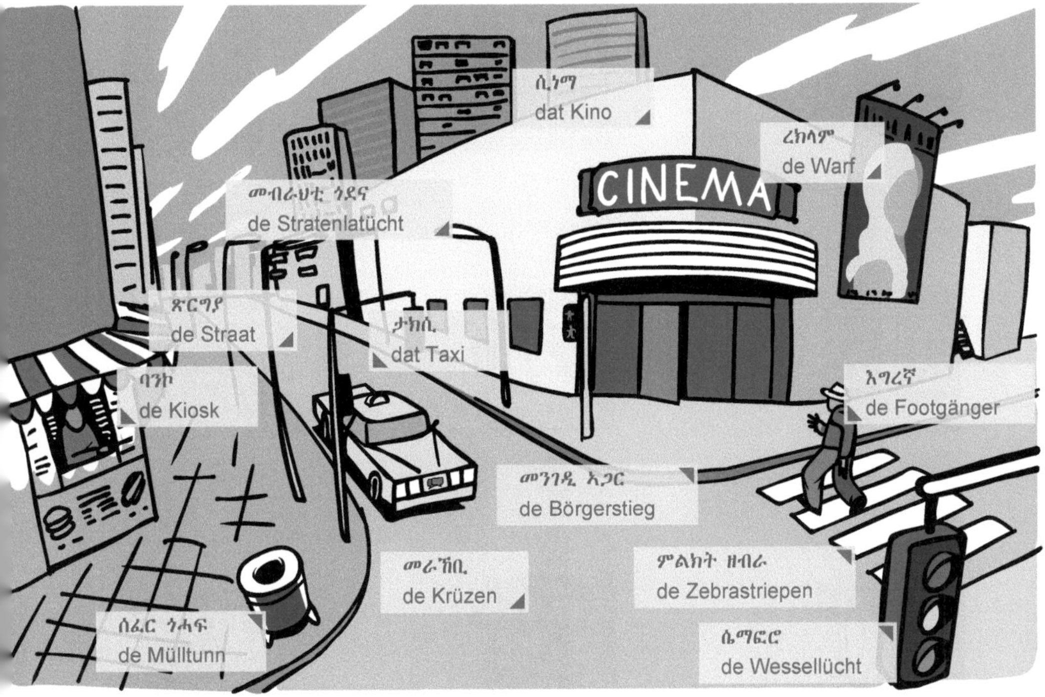

ሲነማ
dat Kino

ረኪላም
de Warf

መብራህቲ ጎደና
de Stratenlatücht

CINEMA

ጽርግያ
de Straat

ታክሲ
dat Taxi

ባንኮ
de Kiosk

እግረኛ
de Footgänger

መንገዲ እጋር
de Börgerstieg

መራኸቢ
de Krüzen

ምልክት ዘብራ
de Zebrastriepen

ሰፈር ጎሓፍ
de Mülltunn

ሴማፎር
de Wessellücht

አጉዶ
de Hütt

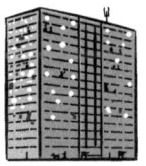

አፓርትመንት
de Wahnung

መዕረፊ ባቡር
de Bahnhoff

ቤት ምምሕዳር
dat Raathuus

ቤት መዘክር
dat Museum

ቤት-ትምህርቲ
de School

ዩኒቨርሲቲ

de Universität

ባንክ

de Bank

ሆስፒታል

dat Krankenhuus

መቐበሊ ኣጋይሽ

dat Hotel

ቤት መድሃኒት

de Afteek

ቤት ጽሕፈት

dat Büro

ዱኳን መጽሓፍቲ

de Bookhökerie

ዱኳን

de Hökerie

ዱኳን ዕንባባ

de Blomenhökerie

ሱፐርማርክት

de Supermarkt

ዕዳጋ

de Markt

ሹቅ

dat Koophuus

ነጋዶይ ዓሳ

de Fischhökerie

ሹቅ

dat Inkoopszentrum

መርሳ

de Haven

መዝናግዒ
de Parkanlaag

ባንኪ
de Bank

ድልድል
de Brüch

መደያይቦ
de Trepp

ባቡር ትሕቲ ምድሪ
de Ünnergrundbahn

ቢንቶ
de Tunnel

መዕረፊ ኣውቶቡስ
de Busstoppsteed

ቤት መስተ
de Bar

ቤት-መጋቢ
dat Spieslokal

ሰታሪት
de Breefkassen

ታቤላ
dat Stratenschild

ሰዓት ፓርኪንግ
de Parkklock

መካነ እንስሳታት
de Deertenpark

መሓምበሲ
de Baadanstalt

መስጊድ
de Moschee

ቤት ሕርሻ
de Buernhoff

ብከላ
de Ümweltversmudden

መቃብር
de Karkhoff

ቤተክርስትያን
de Kark

ቦታ ምጽዋት
de Speelplatz

ቤት መቕደስ
de Tempel

ስእሊ መሬት
de Landschop

አቛጽልቲ
dat Blatt

መሕበሪ መገዲ
de Wiespahl

መገዲ
de Weg

ሽኻ
de Wisch

እምኒ
de Steen

ኮብላሊ
de Wannerer

አግራብ
de Boom

ፈለግ
de Fluss

ሰዓሪ
dat Gras

ዕንባባ
de Bloom

ስንጭሮ

dat Daal

ጎቦ

de Barg

ቀላይ

de See

ዱር

dat Holt

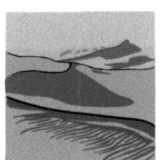

ምድረ በዳ

de Wööst

እሳተ-ጎመራ

de Füerspien Barg

ግምቢ

dat Slott

ቀስተ-ደመና

de Regenbagen

ቃንጥሻ

de Poggenstohl

ዓርኮብኮባይ

de Palm

ጣንጡ

de Steekmück

ሃመማ

de Fleeg

ጻጸ

de Miegeemk

ንህቢ

de Imm

ሳሬት

de Spinn

ሕንዚዝ

de Sebber

ዕንቅርያብ

de Pogg

ም፪ጹላይ

de Katteker

ቅንፍዝ

de Swienegel

ማንቲለ

de Haas

ጉንን

de Uul

ጮሩ

de Vagel

ስዋን

de Swaan

መፍለስ

dat Wildswien

ዓጋዘን

de Hirsch

ሙስ

de Elk

ግድብ

de Staudamm

ተርባይን ንፋስ

dat Windrad

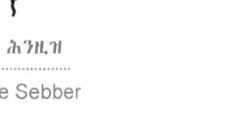

ሶላር ስርሓት

dat Solarmodul

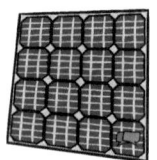

ኩነታት ኣየር

dat Klima

ቤት-መግቢ
dat Spieslokal

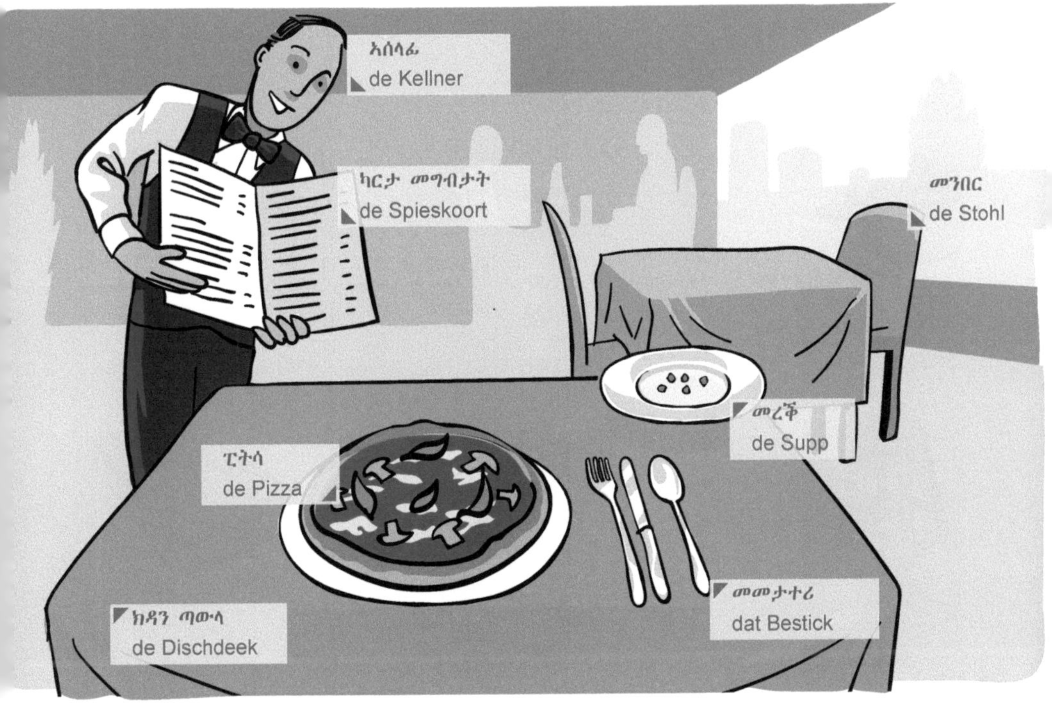

ኣሰላፊ
de Kellner
ካርታ መግብታት
de Spieskoort
መንበር
de Stohl
መረቕ
de Supp
ፒትሳ
de Pizza
መመታትሪ
dat Bestick
ክዳን ጣውላ
de Dischdeek

ቅድመ ቀንዲ መግቢ
de Vörspies

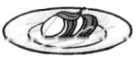

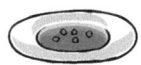

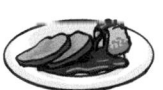

ቀንዲ መኣዲ
dat Haupteten

ድሕረ መግቢ
de Nadisch

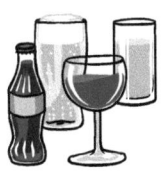

መስተ
de Drünk

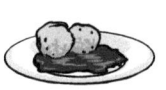

መግቢ
dat Eten

ጥርሙዝ
de Buddel

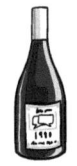

ስሉጥ መግቢ.

dat Fastfood

መግቢ. ጽርግያ

dat Strateneten

ብርጭቆ ሻሂ

de Teekann

ታኒካ ሽኮር

de Zuckerdoos

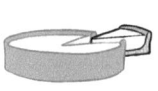

ክፋል

de Portschoon

ማሺን ኤስፕረሶ

de Espressomaschien

ነዊሕ መንበር

de Hoochstohl

ጸብጸብ

de Reken

ታብለት

dat Tablett

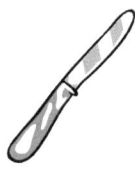

ካራ

dat Mess

ፋርከታ

de Gavel

ማንካ

de Lepel

ማንካ ሻሂ

de Teelepel

ሰርቪየተ

dat Munddook

ብኬሪ

dat Glas

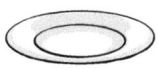

ሸሓኒ
....
de Töller

ሸሓኒ መረቕ
....
de Suppentöller

ትሕቲ ኩባያ
....
de Ünnertass

ጸብሒ
....
de Sooß

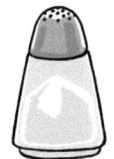

ወሃቢ ጨው
....
de Soltstreuer

መጥሓን በርበሪ
....
de Pepermöhl

ኣቸቶ
....
de Etig

ዘይቲ
....
dat Ööl

ቀመም
....
de Krüder

ከቹፕ
....
de Ketchup

ኣድሪ
....
de Mostrich

ማዮኔዝ
....
de Mayonnaise

ሱፐርማርክት

de Supermarkt

ወፈያ
dat Anbott
FOR
ዓሚል
de Kunn
ፍርያታት ጸባ
de Melkprodukten
ፍረታት
dat Aaft
ሰረገላ ዱኳን
de Inkoopswagen

BUTCHERS

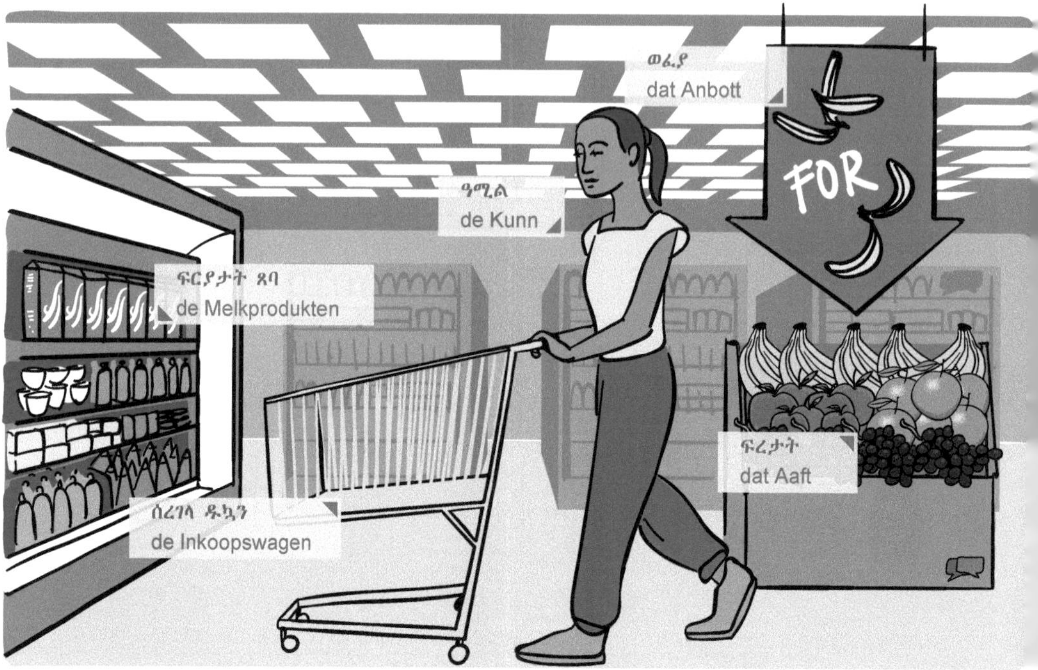

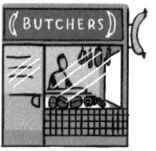

እንዳ ስጋ

de Slachterie

BAKERY

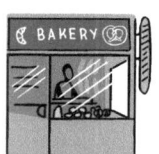

እንዳ ባኒ

de Bäckerie

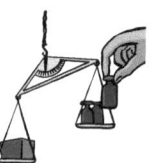

ክብደት

wegen

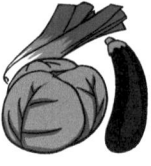

ኣሕምልቲ

de Gröönsaken

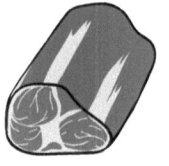

ስጋ

dat Fleesch

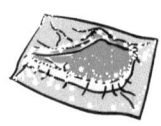

መግቢ ፍሪጅ በረድ

de Deepköhlkost

ዝሑል ቅሩብ መግቢ
....
de Opsnitt

እስታጦላ
....
de Konserven

አሞ
....
de Waschmiddel

ምቁር መግቢ
....
de Snoopkraam

ዘቤታውያን ኣቕሑ
....
de Huushooltssaken

ናውቲ መጸረዪ
....
de Reinmaaktüüch

ሸቃጣይ
....
de Verköpersche

ካሳ
....
de Kass

ተሓዝ ገንዘብ
....
de Kasserer

ዝርዝር ምግዛእ
....
de Inkoopslist

ክፉት ሰዓታት
....
de Opsparrtieden

ማሕፋዳ
....
de Breeftasch

ክረዲት ካርድ
....
de Kreditkoort

ሳንጣ
....
de Tasch

ፈስታል
....
de Plastiktüüt

de Drünk

ማይ

dat Water

ጽማቍ

de Saft

ጸባ

de Melk

ኮላ

de Cola

ነቢት

de Wien

ቢራ

dat Beer

አልኮል

de Spriet

ካካው

de Kakao

ሻሂ

de Tee

ቡን

de Koffie

ኤስፕረሶ

de Espresso

ካፑቺኖ

de Cappucino

ባናና

de Banaan

ቱፋሕ

de Appel

አራንሺ

de Appelsien

ብርጭቆ

de Meloon

ለሚን

de Zitroon

ካሮት

de Wöttel

ጻዕዳ ሽጉርቲ

de Knuuvlook

ባምቡስ

de Bambus

ሽጉርቲ

de Zibbel

ቅንጥሻ

de Poggenstohl

ፉል

de Nööt

ፓስታ

de Nudeln

ስፓገቲ
de Spaghetti

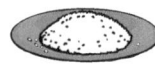

ሩዝ
de Ries

ሰላጣ
de Salat

ቅልዋ ድንሽ
de Pommes frites

ቅሉው ድንሽ
de Braadkantüffeln

ፒትሳ
de Pizza

ሃምቡርገር
de Hamborger

ፓኒኖ
dat Sandwich

ቢስተካ
dat Snitzel

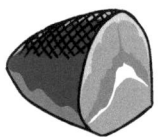

ሰለፍ ሓሰማ
de Schinken

ሳላሚ
de Salami

ግዕዝም
de Wust

ደርሆ
dat Hohn

ቀለወ
de Braden

ዓሳ
de Fisch

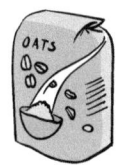

ገዓት
de Haverflocken

ሙስሊ
dat Müsli

ኮርንፍለይክስ
de Cornflakes

ሓርጭ
dat Mehl

ክሮሶን
de Croissant

ባኒ
dat Rundstück

ባኒ
dat Broot

ቶስት
dat Toast

ብሽኩቲ
de Keksen

ጠስሚ
de Botter

ርግኦ
de Quark

ፓስተ
de Koken

እንቋቑሖ
dat Ei

ቅሉው እንቋቑሖ
dat Spegelei

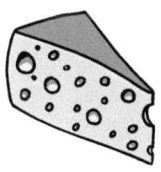

ፋርማጆ
de Kees

አይስ ክሪም
....
de Ies

ሽኮር
....
de Zucker

መዓር
....
de Honnig

ጃም
....
de Marmelaad

ኑጋት-ክሪም
....
de Nougat-Creme

ኩሪ
....
dat Curry

ቤት ሕርሻ

de Buernhoff

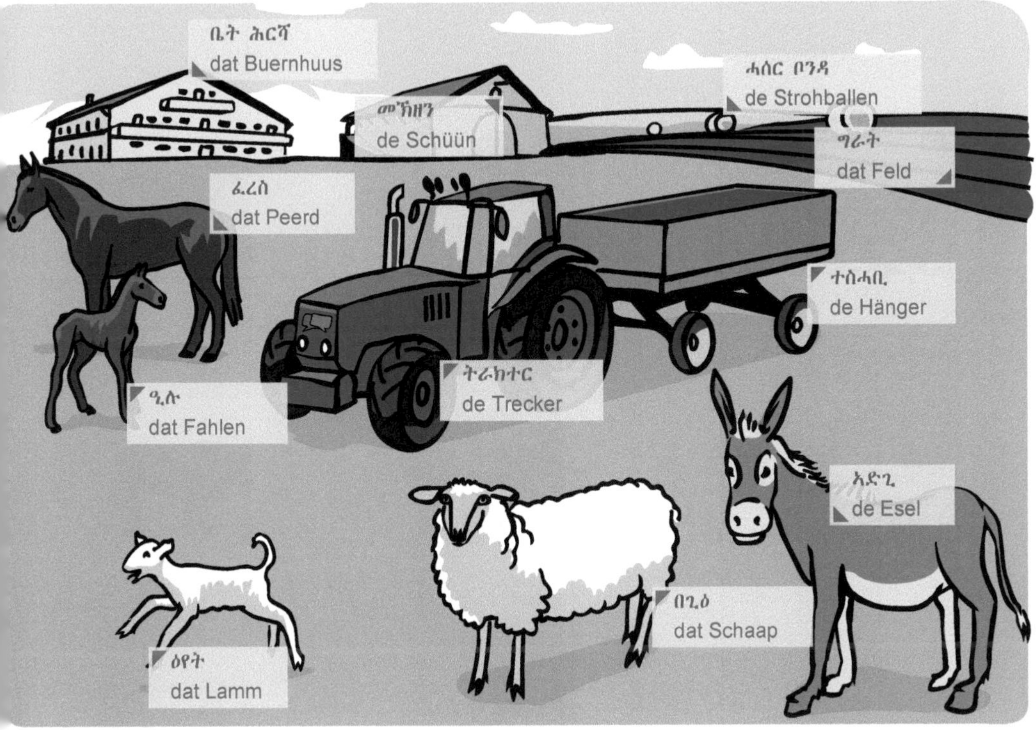
ቤት ሕርሻ
dat Buernhuus
ሓሰር ቦንዳ
de Strohballen
መኽዘን
de Schüün
ግራት
dat Feld
ፈረስ
dat Peerd
ተስሓቢ
de Hänger
ዒሉ
dat Fahlen
ትራክተር
de Trecker
ኣድጊ
de Esel
በጊዕ
dat Schaap
ዕየት
dat Lamm

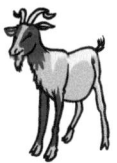

ጤል

de Zeeg

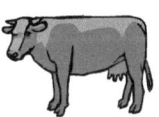

ብዕራይ

de Koh

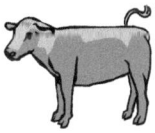

ምራኽ

dat Kalf

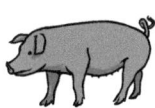

ሓሰማ

dat Swien

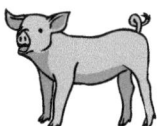

ውላድ ሓሰማ

dat Farken

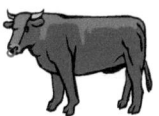

ኣርሓ

de Bull

ዓሳ

de Goos

ማይ ደርሆ

de Aant

ጫቁጥ

dat Küken

ደርሆ

dat Hohn

አርሓ ደርሆ

de Hahn

አንጪዋ ዓባይ

de Rott

ድሙ

de Katt

አንጪዋ

de Muus

ብዕራይ

de Oss

ከልቢ

de Hund

አጎዶ ከልቢ

de Hunnenhütt

ቱባ ጀርዲን

de Goornslauch

መዝፈፊ ማይ

de Geetkann

ዓቢ ማዕጺድ

de Lee

ማሕረሻ

de Ploog

ማዕጺድ
de Sich

ጭሃኩሮ
de Hack

መስአ
de Mestfork

ፋስ
de Ext

ዓረብያ ኢድ
de Schuufkoor

ጋብላ
de Trog

ብርጭቆ ጸባ
de Melkkann

ክሻ
de Sack

ሓጹር
de Tuun

መንሰስ
de Stall

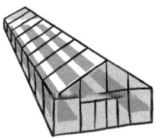

ቆጠልያ ገዛ
dat Drievhuus

ባይታ
de Bodden

ዘርኢ
de Saat

ድኹዒ
de Dünger

ዘጣምር ቀውዓይ
de Meihdöscher

ቀውዐ
....
oornen

ጸማ
....
de Oorn

ድንሽ ያም
....
de Yamswöttel

ስርናይ
....
de Weten

ሶያ
....
dat Soja

ድንሽ
....
de Kantüffel

ዕፉን
....
de Törksche Weten

ራፕስ
....
de Rapp

ገረብ ፍረታት
....
de Aaftboom

ማኒኦክ
....
de Troopsch Kantüffel

አእኻል
....
dat Koorn

ቤት ሕርሻ - de Buernhoff

dat Huus

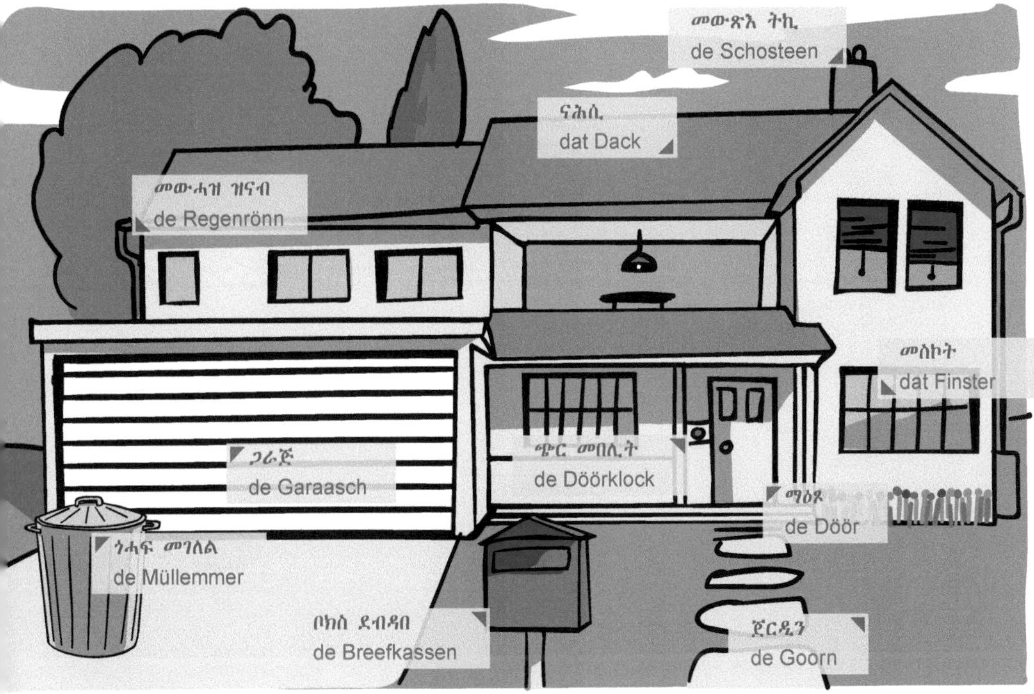

መውጽእ ትኪ
de Schosteen

ናሕሲ
dat Dack

መውሓዝ ዝናብ
de Regenrönn

መስኮት
dat Finster

ጋራጅ
de Garaasch

ጭር መበሊት
de Döörklock

ማዕጾ
de Döör

ጎሓፍ መገለል
de Müllemmer

ቦክስ ደብዳበ
de Breefkassen

ጀርዴን
de Goorn

ክፍሊ ምቕማጥ

de Wahnstuuv

ክፍሊ ባንዮ

de Baadstuuv

ክሽነ

de Köök

ክፍሊ መደቀሲ

de Slaapstuuv

ክፍሊ ቆልዑ

de Kinnerstuuv

መመገቢ ክፍሊ

de Eetstuuv

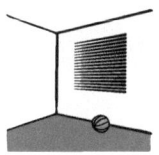

ባይታ
de Footbodden

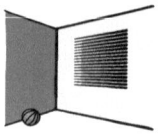

መንደቅ
de Wand

ከበርታ
de Deek

ካንቲና
de Keller

ሳውና
dat Hittluftbad

ባልኮን
de Balkon

ዛላ
de Terrass

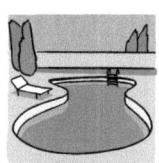

መሕምበሲ
dat Swümmbad

መቑረጺ ሳዕሪ
de Rasenmeiher

አንሶላ ዓራት
de Bettbetog

ከበርታ ዓራት
de Bettdeek

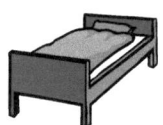

ዓራት
de Puuch

መኽስተር
de Bessen

መገለል
de Emmer

መወልዒት
de Schalter

ክፍሊ ምቕማጥ

de Wahnstuuv

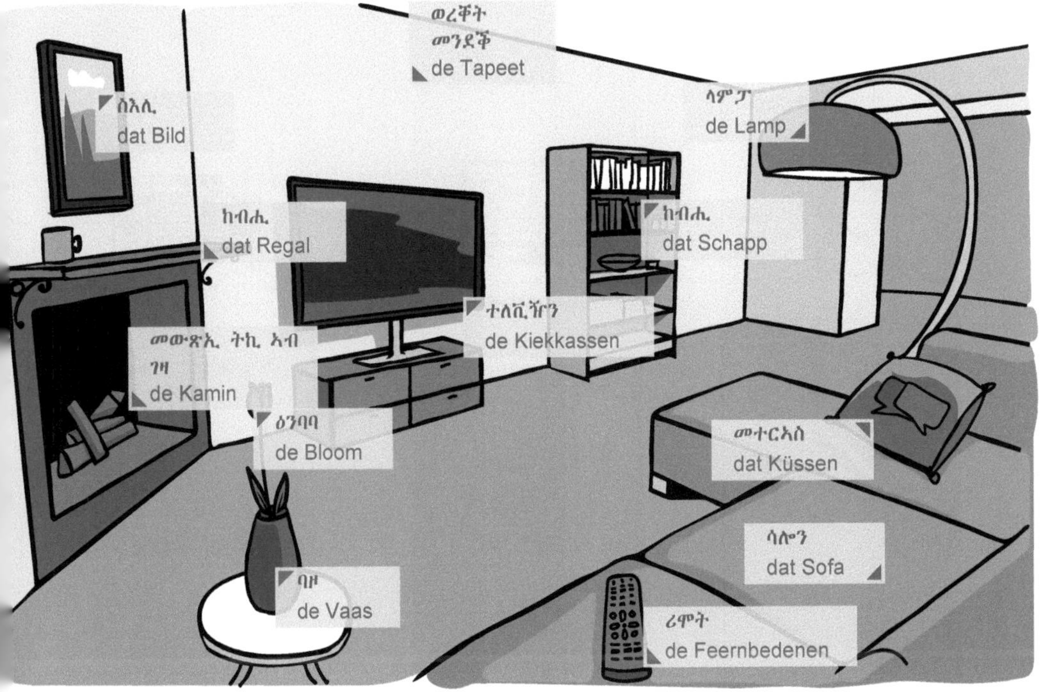

ወረቐት መንደቕ
de Tapeet
ስእሊ
dat Bild
ላምፓ
de Lamp
ከብሒ
dat Regal
ከብሒ
dat Schapp
ተለቪዥን
de Kiekkassen
መውጽኢ ትኪ ኣብ ገዛ
de Kamin
ዕንባባ
de Bloom
መተርኣስ
dat Küssen
ሳሎን
dat Sofa
ባዞ
de Vaas
ሪሞት
de Feernbedenen

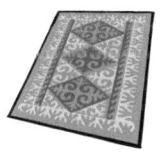

መንጸፍ

de Teppich

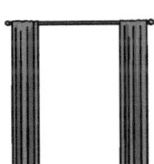

መጋረጃ

de Vörhang

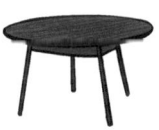

ጣውላ

de Disch

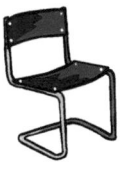

መንበር

de Stohl

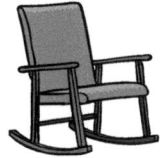

ሰለል ዝብል መንበር

de Schuckelstohl

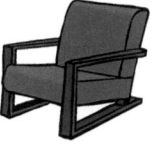

መንበር ምቹእ

de Sessel

መጽሐፍ
dat Book

ከቦርታ
de Deek

ስልማት
de Dekoratschoon

እንጨይቲ ሓዊ
dat Füerholt

ፊልም
de Film

ስተረዮ
de Stereoanlaag

መፍትሕ
de Slötel

ጋዜጣ
dat Narichtenblatt

ቅብአ
dat Gemälde

ፖስተር
dat Poster

ሬድዮ
dat Radio

ጥራዝ
de Opschrievblock

መልገሲ. ደርና
de Huulbessen

በለስ
de Kaktus

ሽምዓ
de Kars

ክሽነ

de Köök

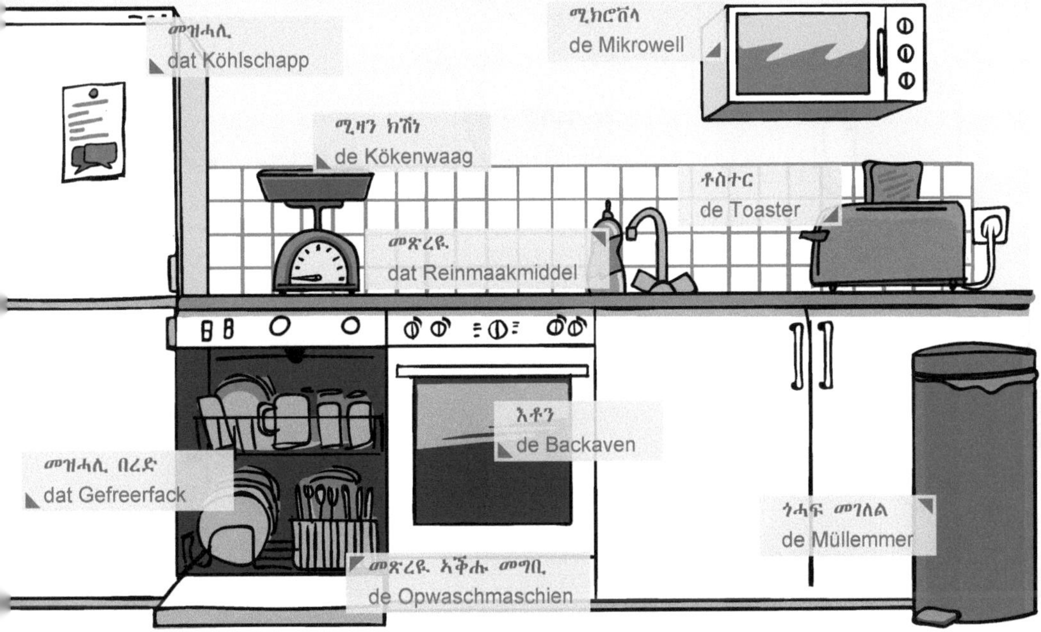

መዝሓሊ
dat Köhlschapp
ሚክሮቨላ
de Mikrowell
ሚዛን ክሽነ
de Kökenwaag
ቶስተር
de Toaster
መጽረዩ
dat Reinmaakmiddel
እቶን
de Backaven
መዝሓሊ በረድ
dat Gefreerfack
ጎሓፍ መገለል
de Müllemmer
መጽረዩ ኣቕሑ መግቢ
de Opwaschmaschien

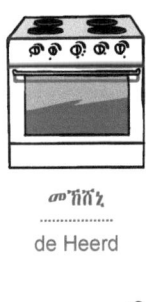

መኽሸኒ

....

de Heerd

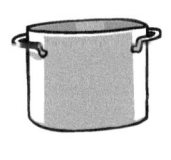

ድስቲ

....

de Pott

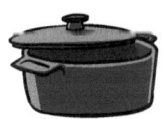

ድስቲ ሓጺን

....

de Gussiesern Putt

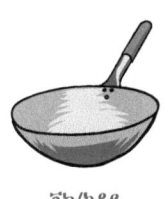

ቮክ/ካዳይ

....

de Wok / Kadai

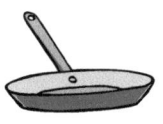

ባደላ

....

de Pann

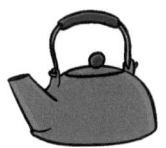

መውዓዪ ማይ

....

de Waterkaker

መፍልሒ

de Dampkaakputt

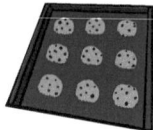

ንቲራ ምስንካት

dat Backblick

ኣቅሑ መግቢ

dat Geschirr

ብርጭቆ

de Beker

ጭሓሎ

de Schaal

ማንካቺና

de Eetsticken

ማንካ መረቅ

de Suppenkell

መገልበጢ ባደላ

de Pannenwenner

መኽተተር ውርጫ

de Sneebessen

መንፈት መግቢ

dat Kaakseef

መንፈት

dat Seef

መፍሕፍሒ

de Riev

ሞርታር

de Mörser

ባርቢክዩ

de Grill

ስፍራ ሓዊ

de Füerstell

እንጨይቲ ምምታር
dat Sniedbrett

እንጨይቲ ኩረር
dat Nudelholt

መኽፈት ቡሽ
de Proppentrecker

ታኒካ
de Doos

መኽፈቲ ታኒካ
de Dosenaapner

ጨርቂ ድስቲ
de Pottlappen

ቡምባ
dat Waschbecken

አስባስላ
de Böst

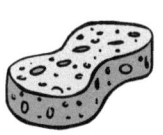

ሰፍነግ
de Swamm

ሓዋሲ አደባላቒ
de Mixer

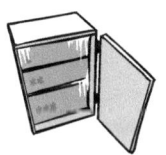

መዝሓሊ በሪድ
dat Iesschapp

ጥርሙዝ ማማይ
de Nuckelbuddel

ቡምባ ማይ
de Waterhahn

ክፍሊ ባንዮ
de Baadstuuv

መውዓዪ
de Heizung
ሽጎማኖ
dat Handdook
መሕጸቢ ሻወር
de Bruus
ሻወር መጋረጃ
de Bruusvörhang
መሕጸቢ ዓፍራ
dat Schuumbad
ባንዮ መሕጸቢ
de Baadwann
ብኬሪ
dat Glas
ሓጻቢት
de Waschmaschien
ቡምባ ማይ
de Waterhahn
ማቶኒላ
de Fliesen
ድስቲ
de lütte Putt
ቡምባ
dat Waschbecken

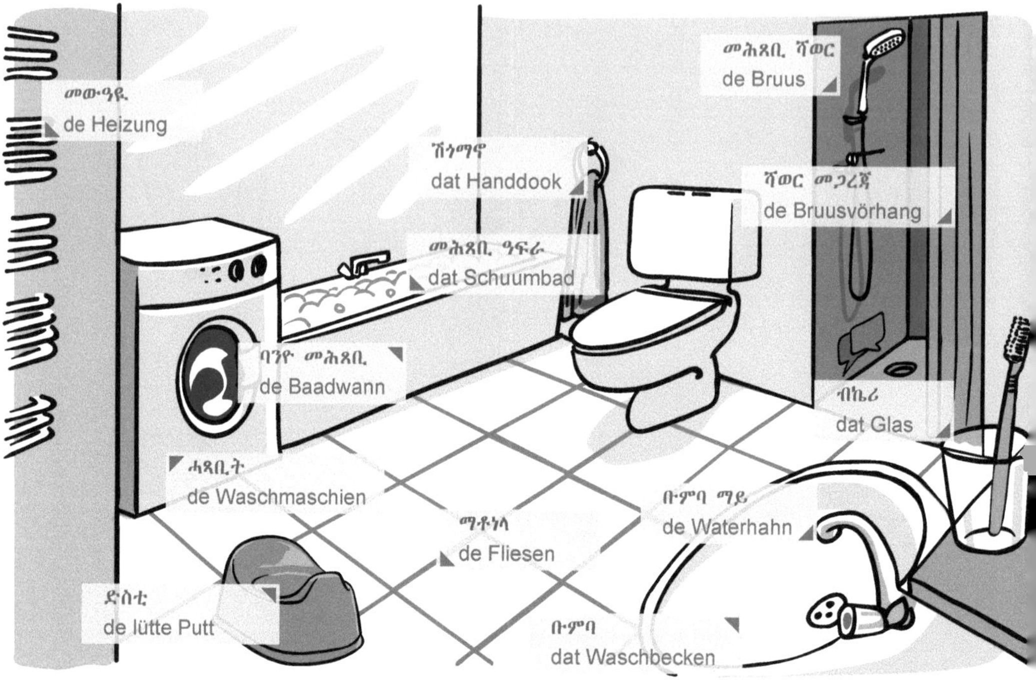

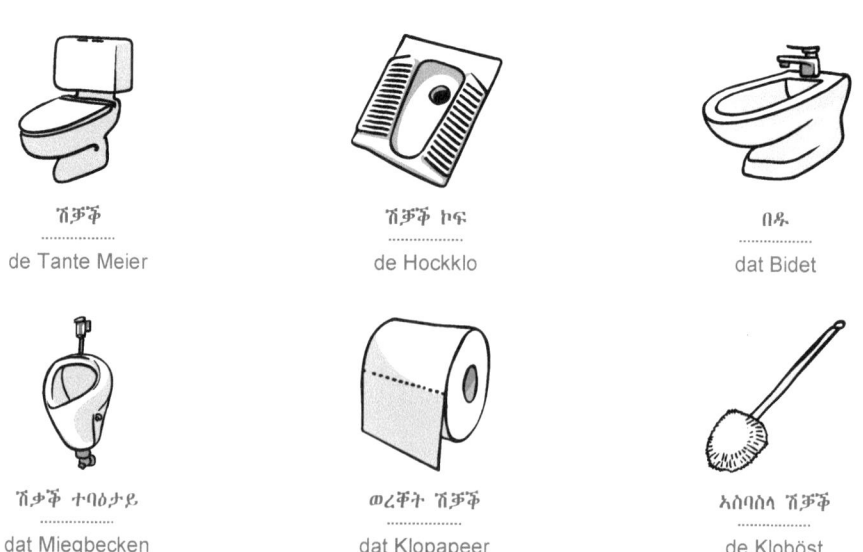

ሽቓቕ
de Tante Meier

ሽቓቕ ኮፍ
de Hockklo

በዴ
dat Bidet

ሽቓቕ ተባዕታይ
dat Miegbecken

ወረቐት ሽቓቕ
dat Klopapeer

ኣስባስላ ሽቓቕ
de Kloböst

አስባስላ ስኒ
de Tähnböst

ክሬማ ስኒ
de Tähnpast

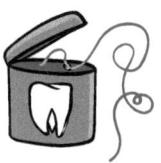

ሃሪ ስኒ
de Tähnsied

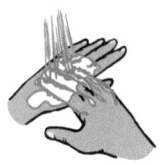

ሓጸብ
waschen

ዱሽ ኢ.ድ
de Handbruus

ዱሽ
de Intimbruus

ብርጭቆ ም/ሕጸብ
de Waschschöttel

አስባስላ ሕቖ
de Rüchböst

ሳምና
de Seep

ሻወር ጀል
dat Bruusgeel

ሻምፑ
dat Hoorwaschmiddel

ጨርቂ መሕጸቢ
de Waschlappen

መውሓዚ
de Afloop

ክሬማ
de Creme

ደዖ ጨና
dat Deodorant

መስትያት

de Spegel

ናይ ኢድ መስትያት

de Kosmetikspegel

መላጸ

de Raserer

ዓፍራ ምልጻይ

de Raseerschuum

ጨና ድሕሪ ምልጻይ

dat Raseerwater

መመሸጥ

de Kamm

አስባስላ

de Böst

መንቆጺ ጸግሪ

de Hoordröger

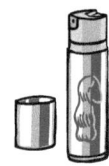

ስፕረይ ጸግሪ

dat Hoorspray

መመላኸዪ

de Smink

ብርዒ ቀለም ከንፈር

de Lippensticken

አዝማልቶ

de Nagellack

ጸምሪ ጡጥ

de Watt

መስደዲ ጽፍሪ

de Nagelscheer

ጨና

dat Rüükwater

ሳንጣ መሕጸቢ
....
de Kulturbüdel

ድኳ
....
de Schemel

ሚዛን
....
de Waag

ክዳን መሕጸቢ
....
de Baadmantel

ጓንቲ መጸረዪ
....
de Gummihanschen

ታምፖን
....
de Tampon

ጨርቂ ሰበይቲ
....
de Damenbinn

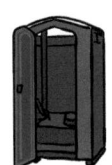

ሽቻቅ ከሚስትሪ
....
dat Chemieklo

ክፍሊ ቆልዑ
de Kinnerstuuv

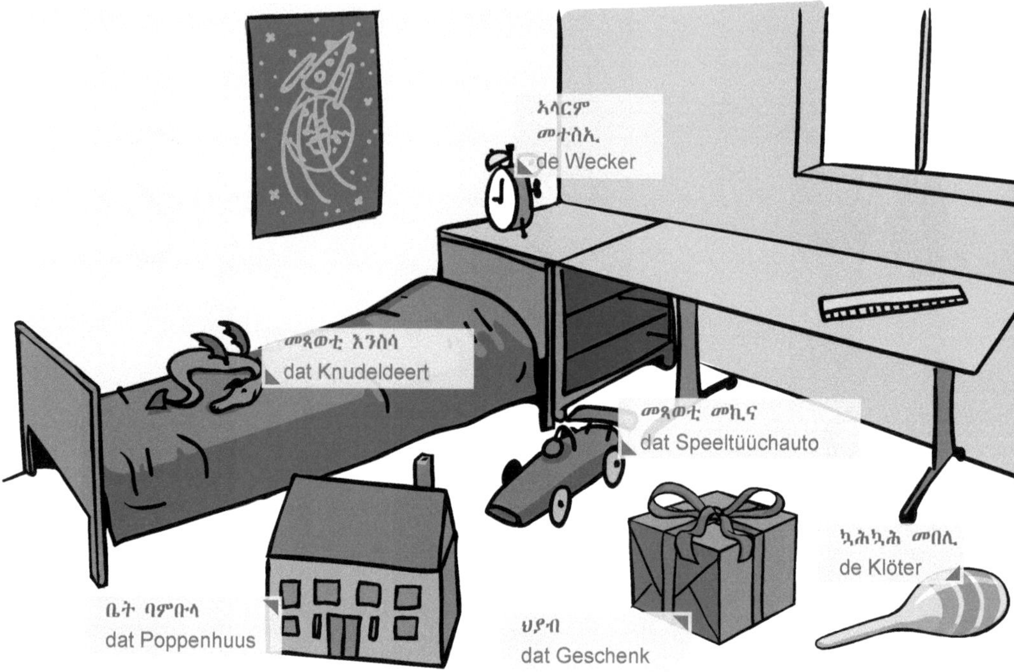
አላርም
መተስኢ
de Wecker
መጻወቲ እንስሳ
dat Knudeldeert
መጻወቲ መኪና
dat Speeltüüchauto
ኳሕኳሕ መበሊ
de Klöter
ቤት ባምቡላ
dat Poppenhuus
ህያብ
dat Geschenk

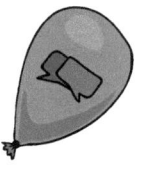

ባላንችና
....
de Luftballon

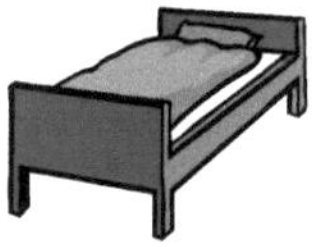

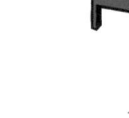

ዓራት
....
de Puuch

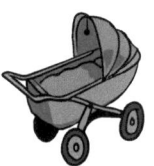

ሰረገላ ህጻን
....
de Kinnerwagen

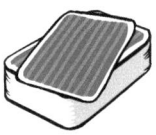

ጸወታ ካርታ
....
dat Koortenspeel

ሕንቅሊተይ
....
dat Puzzle

SUPER
MEGA

ኮሜዲ
....
de Billergeschicht

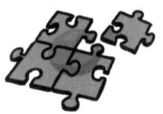

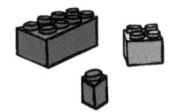

እምንታት መጸወቲ ለጎ
....
de Legostenen

መጸወቲ እምንታት
....
de Bustenen

በዓል አክቾን
....
de Action-Figur

ክዳን ማማይ
....
de Strampelantog

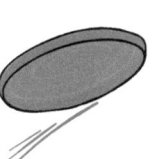

ፍሪስቢ
....
de Frisbeeschiev

ሞባይል ማማይ
....
dat Mobile

ጸወታ ስሌዳ
....
dat Brettspeel

ኩቦ
....
de Wörpel

ሞደል ባቡር ምድሪ
....
de Modelliesenbahn

ዓባስ
....
de Snuller

ፓርቲ
....
de Party

መጽሓፍ ስእሊ
....
dat Billerbook

ኩዕሶ
....
de Ball

ባምቡላ
....
de Popp

ተጻወተ
....
spelen

መጻወቲ ሓጻ
de Sandkassen

ሰላል
de Schuckel

መጻወቲታት
dat Speeltüüch

ኮንሶል ቪድዮ
de Speelkonsool

መጻወቲ ሰለስተ መንኮርኮር
dat Dreerad

ተዲ
de Teddyboor

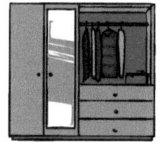

ከብሒ ክዳን
dat Klederschapp

ክዳን
dat Tüüch

ካልስታት
de Socken

ነዊሕ ካልስታት
de Strümp

ስረ ካልሲ
de Strumpbüx

ሻርባ
dat Halsdook

ጽላል
de Paraplü

ማልያ
dat T-Shirt

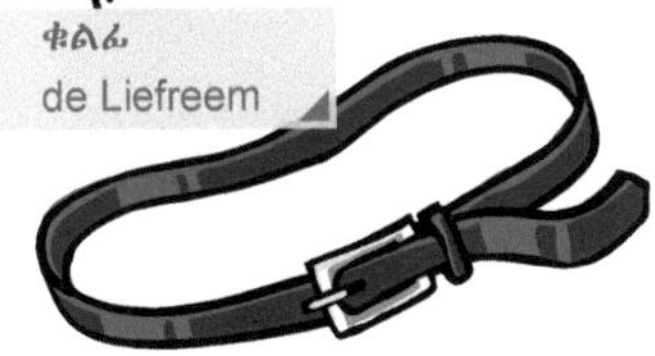

ቁልፊ
de Liefreem

ሰኔከርስ
de Turnschoh

ሬፋዕ
de Stevel

ጫማ ገዛ
de Puuschen

ሻበጥ
....
de Sandalen

ጫማ
....
de Schoh

ሬፋዕ ጎማ
....
de Gummistevel

ሙታንታ
....
de Ünnerbüx

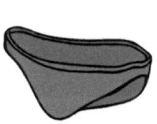

ክዳን ጡብ
....
de Bostholler

ትሕተ ካሚቻ
....
dat Ünnerhemd

ቦዲ
de Lief

ስሪ
de Büx

ጂንስ
de Jeansnüx

ቀሚሽ
de Rock

ካምቻ
de Bluus

ካሚቻ
dat Hemd

ጉልፍ
de Pullover

ጎልፍ
de Kapuzenpullover

ጃኬት
de Blazer

ጃከት
de Jack

ጆባ
de Mantel

ክዳን ዝናብ
de Övertrecker

ኮስቱም
dat Kostüm

ቀሚሽ
dat Kleed

ቀሚሽ መርዓ
dat Hochtietskleed

ልብሲ.
de Antog

ካሚቻ ለይቲ
dat Nachtkleed

ክዳን ለይቲ
de Slaapantog

ሳሪ
de Sari

መሃረብ ርእሲ.
dat Koppdook

ቱርባን
de Turban

ቡርካ
de Burka

ካፍታን
de Kaftan

አባያ
de Abaya

ክዳን መሕምበሲ.
de Baadantog

ስረ መሕምበሲ.
de Baadbüx

ሓጺር ስረ
de Korte Büx

ክዳን ታዕሊም
de Antog to'n Öven

በጃ ክዳን
de Schört

ንንቲ
de Handschoh

መልጎም

de Knopp

መነጽር

de Brill

በንናጅር

dat Armband

ማዕተብ

de Halskeed

ቀለበት

de Ring

ኩትሻ

de Ohrbummel

ቆብዕ

de Mütz

መንበሪ ጁባ

de Klederbögel

ባርኔጣ

de Hoot

ካራባት

de Binner

ሻርኔጣ

de Rietslüter

ሀልመት

de Helm

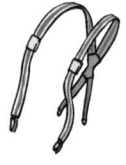

መድልደል ስረ

dat Drachtband

ድቢዛ ቤትትምህርቲ

de Schooluniform

ድቢዛ

de Uniform

ሰደርያ ቆልዓ

de Severböten

ዓባስ

de Snuller

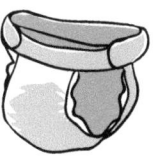

ጨርቂ ማማይ

de Winnel

ቤት ጽሕፈት

dat Büro

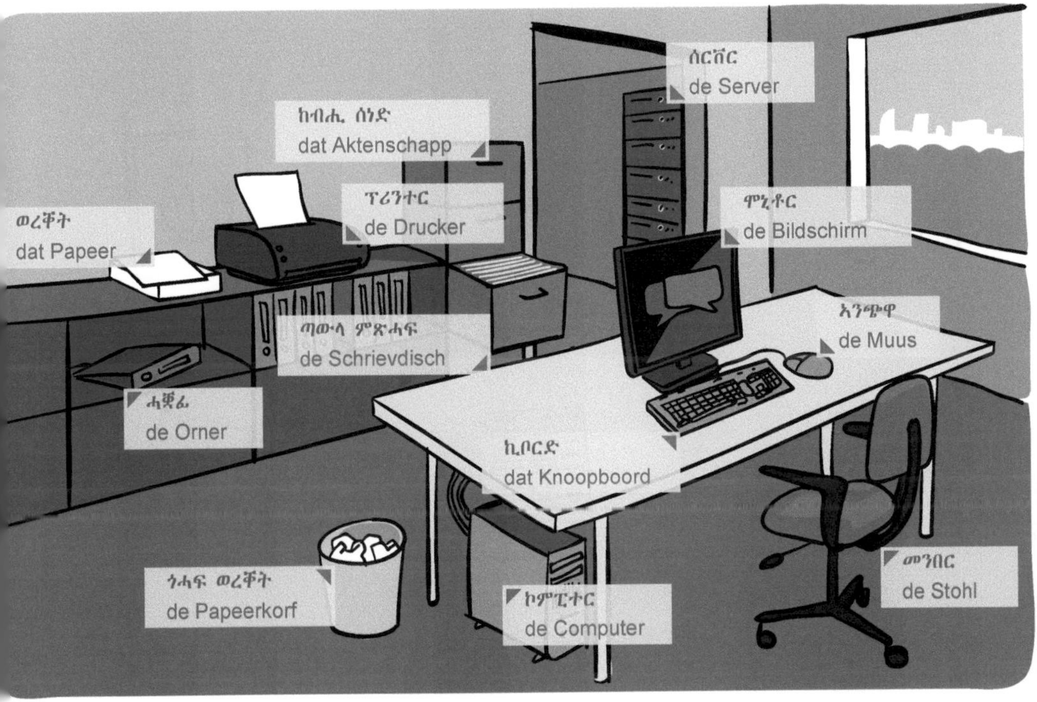

ሰርቨር
de Server

ከብሒ ሰነድ
dat Aktenschapp

ፕሪንተር
de Drucker

ሞኒተር
de Bildschirm

ወረቐት
dat Papeer

ጣውላ ምጽሓፍ
de Schrievdisch

አንጥዋ
de Muus

ሓጹሬ
de Orner

ኪቦርድ
dat Knoopboord

ጎሓፍ ወረቐት
de Papeerkorf

ኮምፒተር
de Computer

መንበር
de Stohl

ብርጭቆ ቡን

de Koffiebeker

ካልኩለተር

de Taschenreekner

ኢንተርነት

dat Internet

ለፕቶፕ

de Klappreekner

ደብዳበ

de Breef

መልእኽቲ

de Naricht

ሞባይል

de Ackersnacker

ነትወርክ/መርበብ

dat Nettwark

መቅድሒ ፎቶኮፒ

de Kopeerapparat

ሶፍትዌር

de Software

ተለፎን

de Klöönkassen

ሶከት ኳረንቲ

de Steekdoos

ፋክስ

de Faxapparat

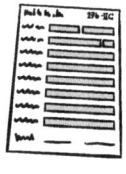

ፎርም

dat Formulor

ሰነድ

dat Dokument

ገዝአ

köpen

ከፈለ

betahlen

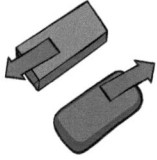

ንግዲ

hanneln

ገንዘብ

dat Geld

ዶላር

de Dollar

አይሮ

de Euro

የን

de Yen

ሩብል

de Ruvel

ስዊዝ ፍራንከን

de Swiezer Franken

ረንሚንቢ ዩዋን

de Renminbi Yuan

ሩፕየ

de Rupie

መውጽኢ ማሺን ገንዘብ

de Geldautomat

በታ ቅየር ገንዘብ
....
de Wesselstuuv

ወርቂ
....
dat Gold

ብሩር
....
dat Sülver

ዘይቲ
....
dat Ööl

ሓይሊ
....
de Energie

ዋጋ
....
de Pries

ውዕል
....
de Verdrag

ቀረጽ
....
de Stüer

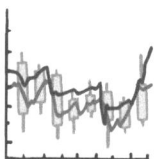

እኩብ ጥረ-ነገራት
....
de Andeelschien

ሰርሐ
....
arbeiden

ሰራሕተኛ
....
de Anstellte

አስራሒ
....
de Arbeitgever

ትካል
....
de Fabrik

ዱኳን
....
de Hökerie

de Profeschonen

በዓል ፖሊስ
de Wachtmeester

መጠፊኢ ሓዊ
de Füerwehrmann

ከሻኒ
de Kock

ሓኪም
de Dokter

መራሒ ነፋሪት
de Fleger

ሰራሕተኛ ጀርዲን

de Goorner

ጸራቢ ዕንጸይቲ

de Discher

ሰፋይት

de Neihersche

ፈራዳይ

de Richter

ቀማሚ

de Chemiker

ተዋሳኢ

de Schauspeler

መራሒ አዉቶቡስ

de Busfohrer

አውቲስታ ታክሲ

de Taxifohrer

ገፋፊ ዓሳ

de Fischer

ጸራጊት

de Reinmaakfru

ሃናጻይ ናሕሲ

de Dackdecker

አሰላፊ

de Kellner

ሃዳናይ

de Jäger

ሰአላይ

de Maler

እንዳ ሕብስቲ

de Bäcker

ኤለትሪከኛ

de Elektriker

ሃናጺ አባይቲ

de Buarbeider

ሃንዳሲ

de Ingenieur

ሰራሕተኛ እንዳ ስጋ

de Slachter

ድራብሊኮ

de Klempner

አማላላሲ ፖስጣ

de Postbüdel

ወተሃደር
....
de Suldat

መሃንድስ
....
de Architekt

ተሓዝ ገንዘብ
....
de Kasserer

ሰራሕተኛ ዕምባባ
....
de Florist

ቀም ቃማይ
....
de Putzbüdel

ፈተሪኖ
....
de Schaffner

መካኒክ
....
de Mechaniker

መራሒ መርከብ
....
de Kaptein

ሓኪም ስኒ
....
de Tähndokter

ተመራማሪ
....
de Wetenschopler

ራቢ
....
de Rabbi

ኢማም
....
de Imam

ፈላሲ
....
de Mönk

ቀሺ
....
de Paap

dat Warktüüch

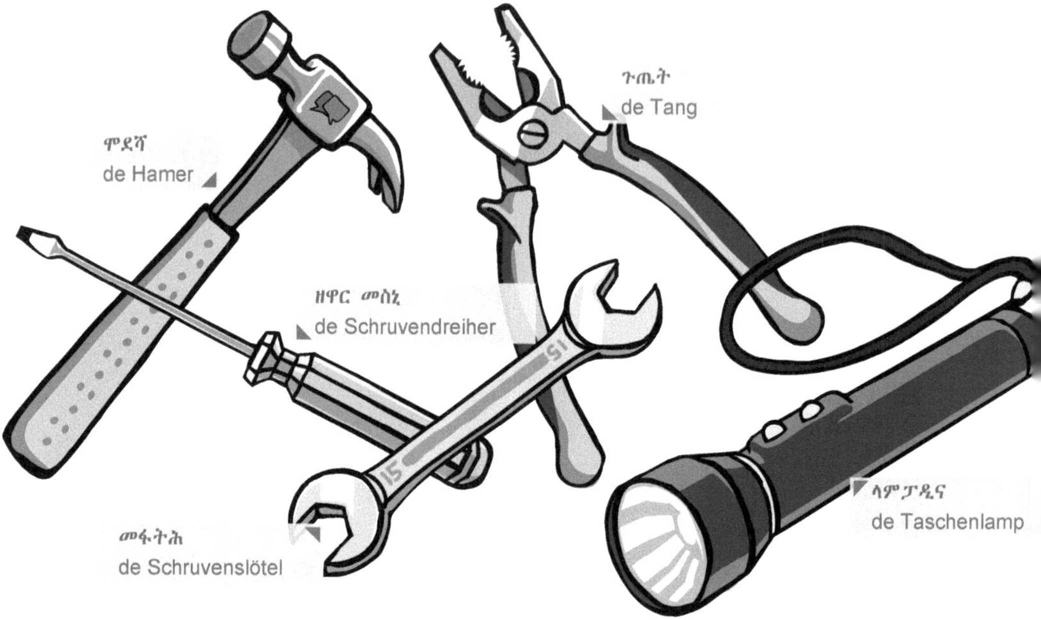

ሞደሻ
de Hamer

ጉጤት
de Tang

ዘዋር መስኂ
de Schruvendreiher

መፍትሕ
de Schruvenslötel

ላምፓዲና
de Taschenlamp

ፊሓሪ
de Grieper

ናውቲ ቦክስ
de Warktüüchkassen

መደያይቦ
de Ledder

መጋዝ
de Saag

መስማር
de Nagels

ኩዓቲ
de Bohrer

ምዕራይ
....
heelmaken

ባደላ
....
de Schüffel

አይ!
....
Schiet!

መትሓዚ ዶሮና
....
dat Kehrblick

ድስቲ ቀለም
....
de Farvpott

ካቾቢተ
....
de Schruven

መሳርሒ ሙዚቃ

de Musikinstrumenten

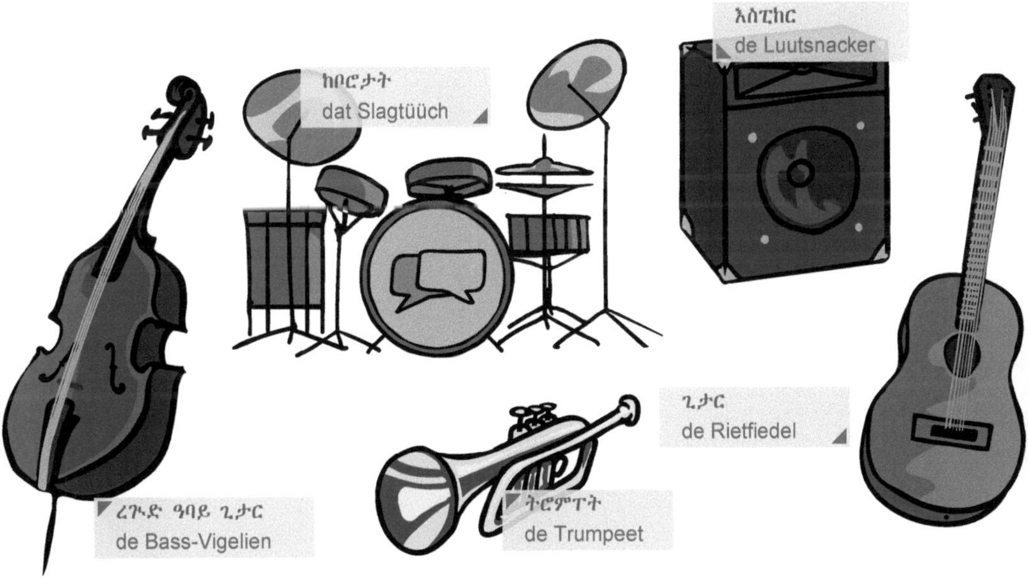

እስፒከር
de Luutsnacker

ከበሮታት
dat Slagtüüch

ጊታር
de Rietfiedel

ረጕድ ዓባይ ጊታር
de Bass-Vigelien

ትሮምፐት
de Trumpeet

ፒያኖ

dat Klaveer

ቪዮሊን

de Vigelien

ባስ ጊታር

de Bass

ቲምንአ

de Pauk

ከበሮ

de Trummeln

ኦርጋን

dat Keyboard

ሳክሶፎን

dat Saxophon

ሻምብቆ

de Fleut

ሚክሮፎን

dat Mikrofoon

መካነ እንስሳታት

de Deertenpark

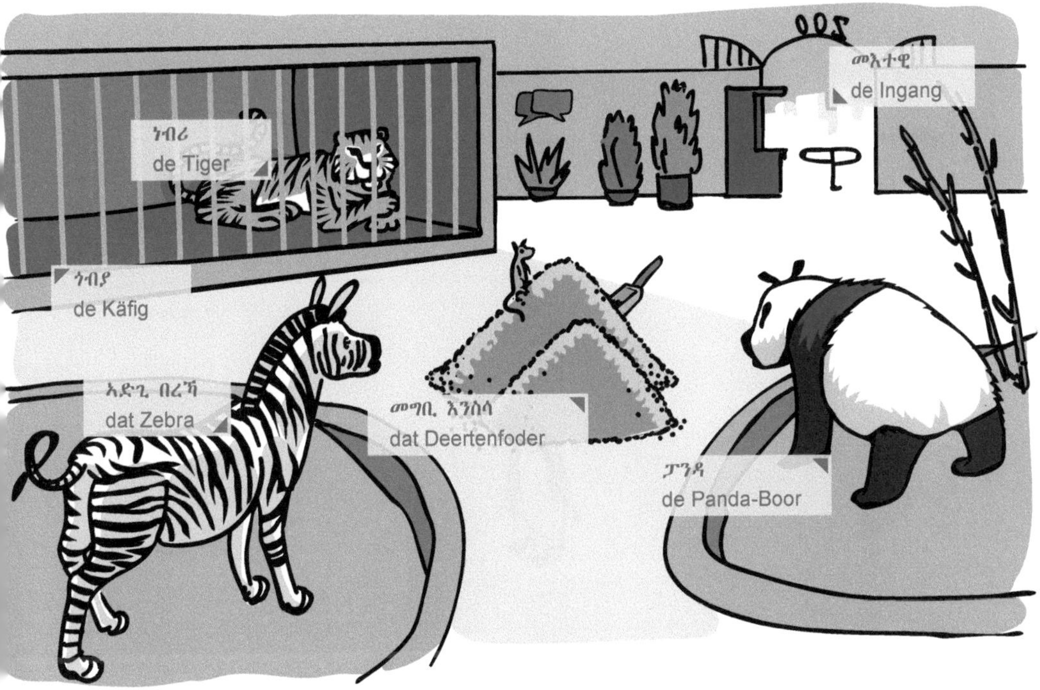
ነብሪ
de Tiger
ጎብያ
de Käfig
ኣድጊ በረኻ
dat Zebra
መግቢ እንስሳ
dat Deertenfoder
ፓንዳ
de Panda-Boor
መእተዊ
de Ingang

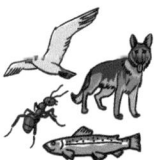

እንስሳታት

de Deerten

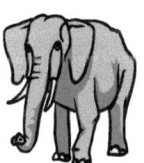

ሓርማዝ

de Elefant

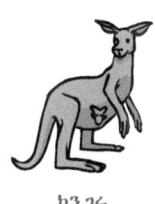

ካንጋሩ

dat Känguru

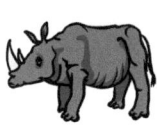

ሓሪሽ

dat Neeshoorn

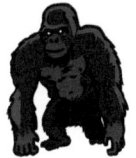

ጉሪላ

de Gorilla

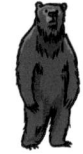

ድቢ

de Boor

ገመል

dat Kameel

ሰንን

de Struuß

አንበሳ

de Lööv

ህበይ

de Aap

ፍላሚንጎ

de Flamingo

ሕንጸይ

de Papagoi

ድቢ በረድ

de Iesboor

ፐንጉን

de Pinguin

ክልቢ ዓሳ

de Haifisch

ጣውስ

de Pageluun

ተመን

de Slang

ሓርገጽ

dat Krokodil

ሓላዊ ቤት ገርድሽ

de Oppasser in'n
Deertenpark

ዓሳ ዚምገብ እንስሳ ባሕሪ

de Saalhund

ጃጓር

de Jaguor

ሓጹር ፈረስ

dat Pony

ነብሪ

de Leopard

ጉማሬ

dat Nilpeerd

ጂራፍ

de Giraff

ሲላ

de Aadler

መፍለስ

dat Wildswien

ዓሳ

de Fisch

ጎብየ

de Schildkrööt

ዋልሩስ

dat Walross

ወኽርያ

de Voss

ሰስሓ

de Gazell

ናይ ኣሜሪካ ኩዕሶ እግሪ
de Amerikaansch Football

ምዝዋር ብሽግለታ
dat Radfohren

ተኒስ
dat Tennis

ባስከትባል
de Korfball

ም'ሕምባስ
dat Swümmen

ሆኪ በረድ
dat Ieshockey

ቦክሲንግ
dat Boxen

ኩዕሶ እግሪ
de Football

ባድሚንቶን
dat Fedderball

እስፖርታዊ ንጥፈታት
de Leichtathletik

ኩዕሶ ኢድ
de Handball

ስኪ
dat Skilopen

ፖሎ
dat Polo

ንጥፈታት

de Aktivitäten

ነጠረ
springen
ሓቑፈ
ümarmen
ሰሓቐ
lachen
ከደ
gahn
ደረፈ
singen
ሓለመ
drömen
ጸለየ
beden
ሰዓመ
snuteln

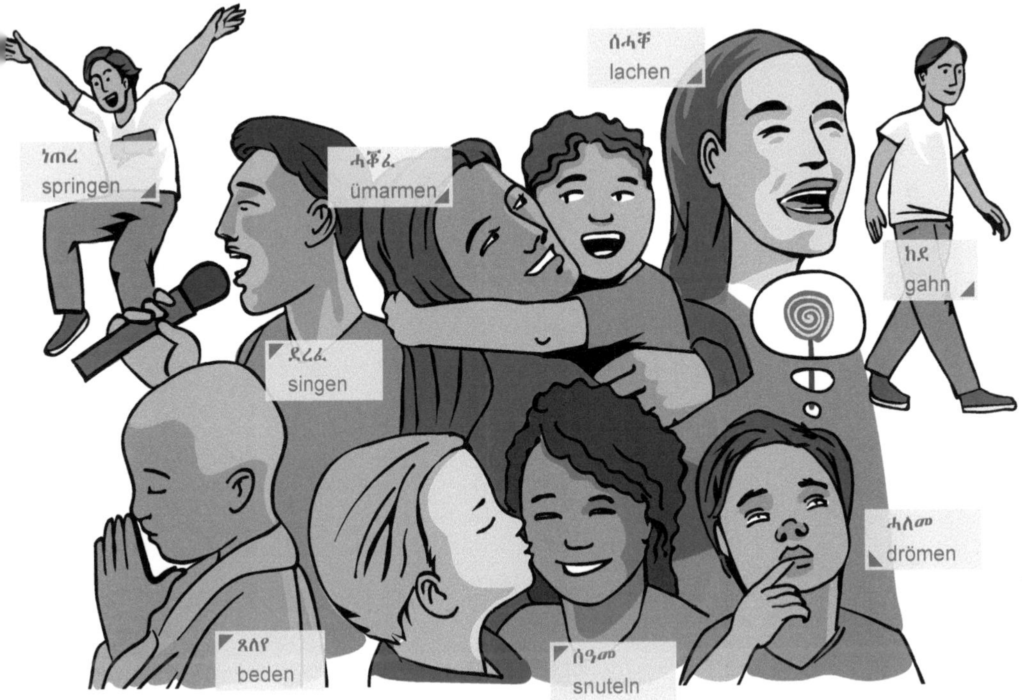

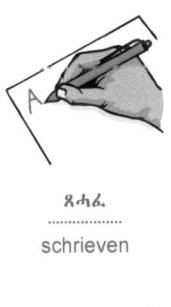

ጸሓፈ
....
schrieven

ሰኣለ
....
teken

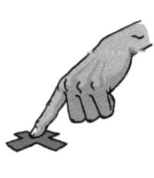

ኣርኣየ
....
wiesen

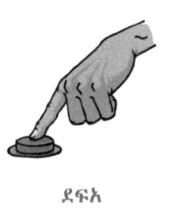

ደፍአ
....
drücken

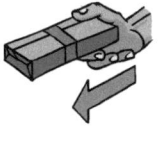

ሃበ
....
geven

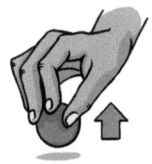

ወሰደ
....
nehmen

አለወ

hebben

ገበረ

doon

ኮነ

sien

ጠጠው በለ

stahn

ጎየየ

lopen

ሰሓበ

trecken

ሰንደወ

smieten

ወደቸ

fallen

ሓሰወ

liggen

ተጸበየ

töven

ሰከመ

dregen

ኮፍ በለ

sitten

ተኸድነ

antrecken

ደቀሰ

slapen

ተስአ

opwaken

ረኣየ
....
ankieken

በኸየ
....
wenen

ብኣጻብዑ ደረዘ
....
eien

መሸጠ
....
kämmen

ተዛረበ
....
snacken

ተረድአ
....
verstahn

ሓተተ
....
fragen

ሰምዐ
....
hören

ሰተየ
....
drinken

በልዐ
....
eten

ኣቐመጠ
....
oprümen

ኣፍቀረ
....
leefhebben

ከሸነ
....
kaken

ዘወረ
....
fohren

ነፈረ
....
flegen

ብመርከብ ገየሸ

segeln

ደመረ

reken

አንበበ

lesen

ተመህረ

lehren

ሰርሐ

arbeiden

መርዓወ

de Plünnen tohoopsmieten

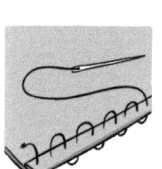

ሰፈየ

neihen

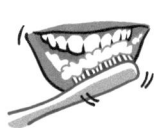

ጽሬት አስናን

Tähnen putzen

ቀተለ

dootmaken

ሽጋራ ተከኸ

smöken

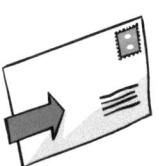

ሰደደ

schicken

ዓባየ
de Grootmoder

አቦሓጎ
de Grootvadder

አቦ
de Vadder

አደ
de Moder

ግማይ
dat Winnelkind

ጓል
de Dochter

ወዲ
de Söhn

ጋሻ

de Gast

ሓትኖ

de Tant

አኮ

de Unkel

ሓው

de Broder

ሓፍቲ

de Süster

ኣካላት

de Lief

ግንባር
de Vörkopp
ዓይኒ
dat Oog
መንኩብ
de Schuller
ኣጻብዕ
de Finger
ገጽ
dat Gesicht
መንከስ
dat Kinn
ኢድ
de Hand
ኣፍ-ልቢ
de Bost
ሽፋን እግሪ
dat Been
ምናት
de Arm

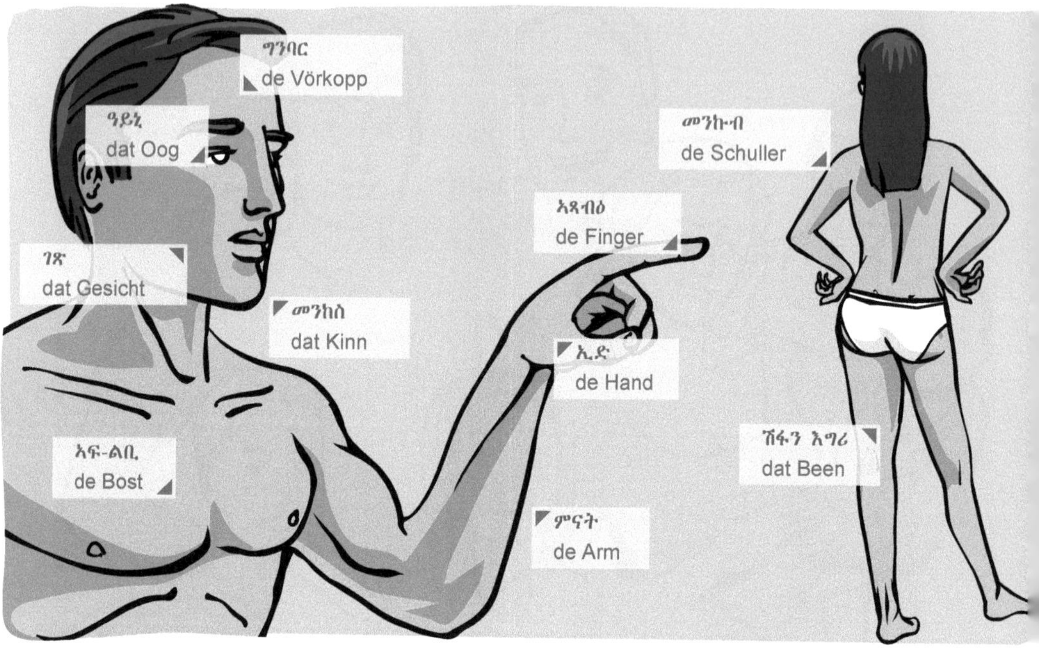

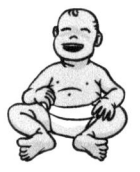

ማማይ
....
dat Winnelkind

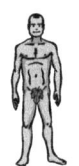

ሰብኣይ
....
de Mann

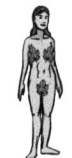

ሰበይቲ
....
de Fro

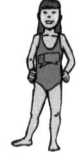

ጓል
....
de Deern

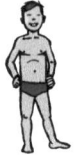

ወዲ
....
de Jung

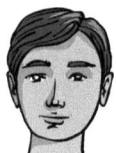

ርእሲ
....
de Arm

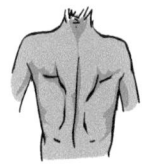

ሕቘ

de Rüch

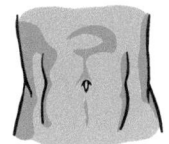

ከስዐ

de Buuk

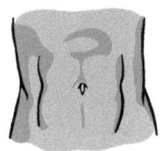

ሕምብርቲ

de Navel

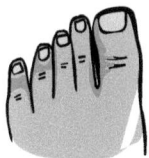

ኣጻብዕ እግሪ

de Teh

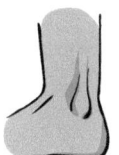

ኩርኵረ

de Hack

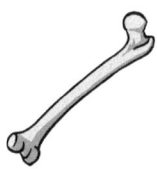

ዓጽሚ

de Knaken

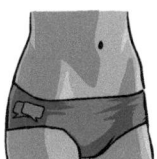

ምሕኵልቲ

de Hüft

ብርኪ

dat Knee

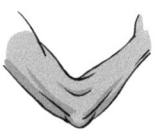

ፍግፍጐ

de Ellbagen

ኣፍንጫ

de Nees

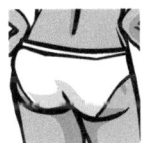

መዓኮር

de Achtersen

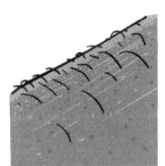

ቆርበት

de Huut

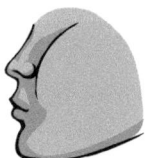

ምዕጉርቲ

de Back

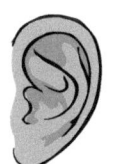

እዝኒ

dat Ohr

ከንፈር

de Lipp

አፍ

de Mund

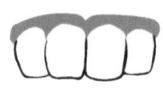

ስኒ

de Tähn

መልሓስ

de Tung

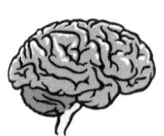

ሓንጎል

de Bregen

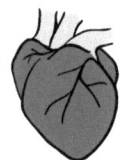

ልቢ

dat Hart

ጭዋዳ

de Muskel

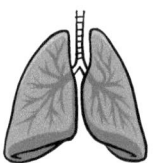

ሳንቡእ

de Lung

ጸላም ከብዲ

de Lever

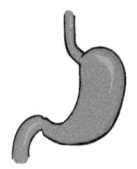

ከብዲ

de Maag

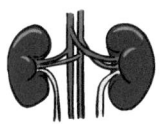

ኮሊት

de Neren

ግብረ ስጋ

de Bislaap

ኮንዶም

dat Kondoom

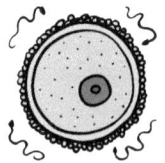

እንቋቖሓ

de Eizell

ዘርኢ ተባዕታይ

dat Sperma

ጥንሲ

de Anner Ümstänn

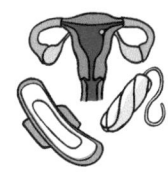

ጽግያት
de Menstruatschoon

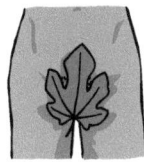

ርሕሚ
de Scheed

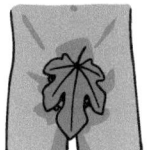

መትሎ
de Pint

ሽፋሽፍቲ
de Ogenbroe

ጸጉሪ
dat Hoor

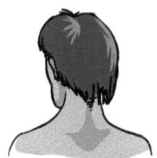

ክሳድ
de Hals

ሆስፒታል
dat Krankenhuus

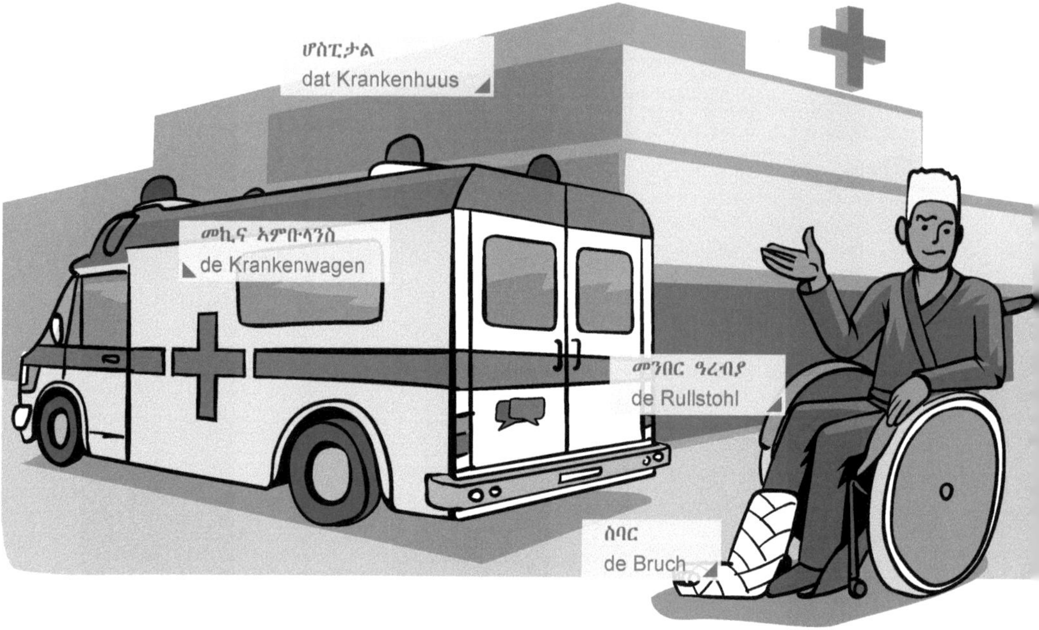

ሆስፒታል
dat Krankenhuus
መኪና ኣምቡላንስ
de Krankenwagen
መንበር ዓረብያ
de Rullstohl
ስባር
de Bruch

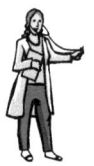

ሓኪም
de Dokter

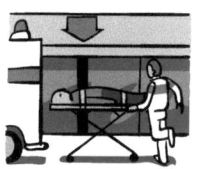

ክፍሊ ህጹጽ ረድኤት
de Nootopnahm

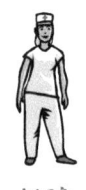

ኣላይት
de Krankensüster

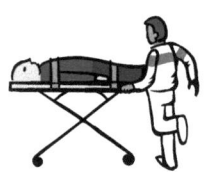

ህጹጽ ኩነት
de Nootfall

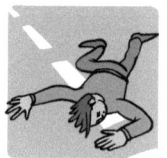

ውነኡ ዘጥፍአ
ahnmächtig

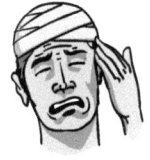

ቃንዛ
de Wehdaag

ጉድኣት

de Verwunnen

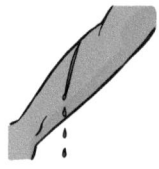

ደም

de Blöden

ማህረምቲ

de Hartinfarkt

ማህረምቲ

de Slaganfall

አለርጂ

de Allergie

ሰዓል

de Hoosten

ረስኒ

dat Fever

ኡንፍልወንዛ

de Gripp

ውጽኣት

de Dörchfall

ቃንዛ ርእሲ

de Koppwehdaag

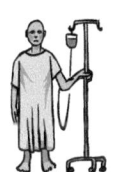

መንሽሮ

de Kreeft

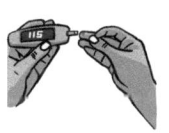

ሹኮርያ

de Zuckersüük

ሓኪም መጥባሕቲ

de Chirurg

መጥብሒ

dat Chirurgsch Mess

መጥባሕቲ

de Operatschoon

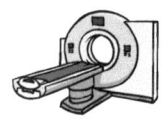

CT

dat CT

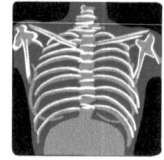

ራጂ

de Dörchlüchten

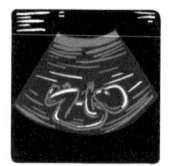

ልዕለ ድምጸዊ

de Ultraschall

መሸፈኒ ገጽ

de Mask

ሕማም

de Krankheit

ክፍሊ ምጽባይ

de Töövruum

ምርኩስ

de Krück

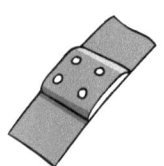

መጅነኒ ቓስሊ

dat Plaaster

መጅነኒ

de Verband

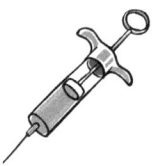

መርፍዕ ምውጋእ

de Insprütten

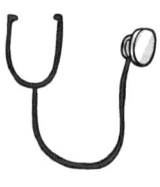

ስተቶስኮፕ

dat Stethoskop

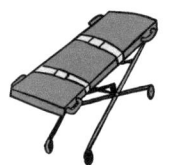

መሰከሚ ሕማም

de Draag

ቴርሞመተር

dat Feverthermometer

ትውልዲ

de Geboort

ልዕለ-ሚዛን

dat Övergewicht

ሓገዝ ምስማዕ
....
de Höörapparat

አንጻሂ
....
dat Kiemfriemiddel

ልበዳ
....
de Ansteken

ቫይረስ
....
de Virus

ኤድስ
....
dat HIV / AIDS

ሕክምና
....
dat Heelmiddel

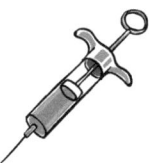

ክታብ
....
de Impen

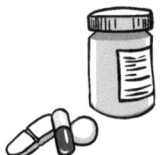

ኪኒና
....
de Tabletten

ኪኒና
....
de Pill

ህጹጽ ምድዋል
....
de Nootroop

መዕቀኒ ጸቕጢ ደም
....
de Blootdruck-Meter

ሕሙም / ጥዑይ
....
krank / gesund

ሓገዝ

Hölp!

ኣላርም

de Alarm

ምህጃም

de Överfall

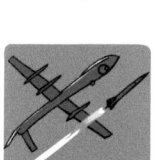

መጥቃዕቲ

de Angreep

ድንገት

de Gefohr

ህጹጽ መውጽኢ

de Nootutgang

ሓዊ!

dat Füer!

መጥፍኢ ሓዊ

de Füerlöscher

ሓደጋ

de Unfall

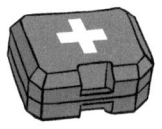

ሳንጣ ቀዳማይ ረድኤት

de Noothölpkoffer

SOS

SOS

ፖሊስ

de Polizei

ኤውሮጳ

Europa

ሰሜን አመሪካ

Noordamerika

ደቡብ አመሪካ

Süüdamerika

አፍሪቃ

Afrika

ኤስያ

Asien

አውስትራልያ

Australien

አትላንቲክ

de Atlantik

ፓሲፊክ

de Pazifik

ህንዳዊ ዉቅያኖስ

dat Indisch Weltmeer

አንታርቲካዊ ዉቅያኖስ

dat Antarktisch Weltmeer

አርክቲካዊ ዉቅያኖስ

dat Arktisch Weltmeer

ሰሜናዊ ዋልታ

de Noordpol

ደቡባዊ ዋልታ

de Süüdpol

አንታርቲካ

de Antarktis

ምድሪ

de Eerd

መሬት

dat Land

ባሕሪ

de See

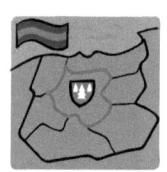

ደሴት

dat Eiland

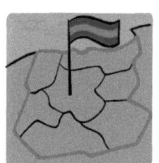

ሀገር

de Natschoon

ዓዲ

de Staat

ገጽ ሰዓት

dat Tallenblatt

አመልካቲ ሰዓታት

de Stunnenwieser

አመልካቲ ደቃይቅ

de Minutenwieser

አመልካቲ ካልኢት

de Sekunnenwieser

ሰዓት ክንደይ አሎ?

Wo laat is dat?

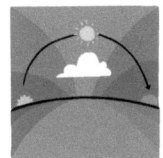

መዓልቲ

de Dag

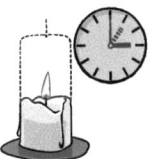

ግዜ

de Tiet

ሕጂ

nu

ዲጊታል ሰዓት

de digetaaleeh Klook

ደቒቕ

de Minuut

ሰዓት

de Stunn

de Week

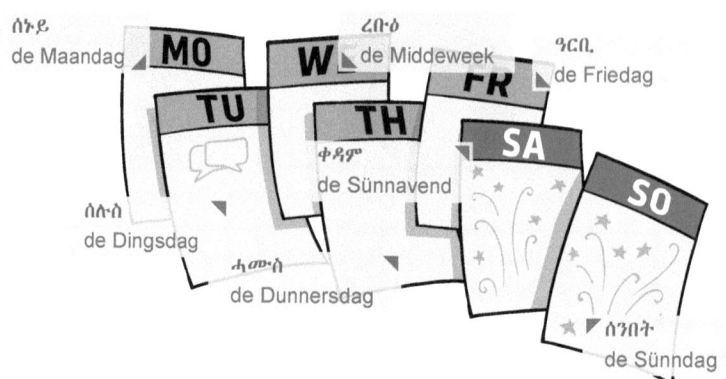

ሰኑይ
de Maandag

ሰሉስ
de Dingsdag

ሠሉስ
de Dunnersdag

ረቡዕ
de Middeweek

ቀዳም
de Sünnavend

ዓርቢ
de Friedag

ሰንበት
de Sünndag

ትማሊ
....
güstern

ሎሚ
....
hüüt

ጽባሕ
....
morgen

ንጉሆ
....
de Morgen

ቀትሪ
....
de Meddag

ምሸት
....
de Avend

MO	TU	WE	TH	FR	SA	SU
1	2	3	4	5	6	7
8	9	10	11	12	13	14
15	16	17	18	19	20	21
22	23	24	25	26	27	28
29	30	31	1	2	3	4

መዓልታት ስራሕ
....
de Arbeitsdaag

MO	TU	WE	TH	FR	SA	SU
1	2	3	4	5	6	7
8	9	10	11	12	13	14
15	16	17	18	19	20	21
22	23	24	25	26	27	28
29	30	31	1	2	3	4

መወዳእታ ሰሙን
....
dat Wekenenn

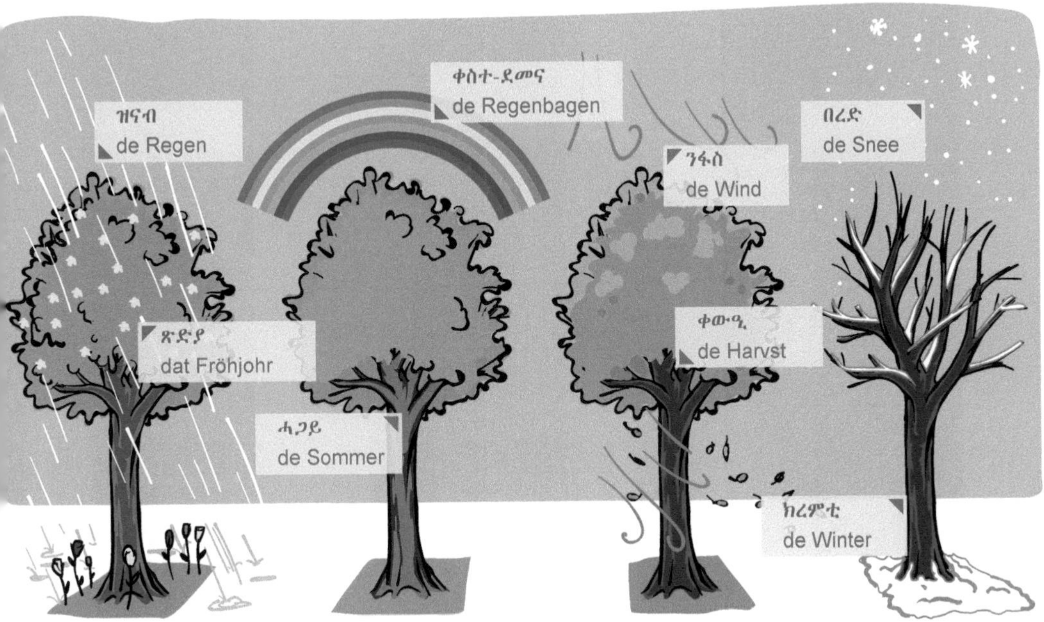

dat Johr

ዝናብ
de Regen

ቀስተ-ደመና
de Regenbagen

በረድ
de Snee

ንፋስ
de Wind

ጽድያ
dat Fröhjohr

ሓጋይ
de Sommer

ቀውዒ
de Harvst

ክረምቲ
de Winter

ትንቢት ኩነታት ኣየር

de Wedervörhersaag

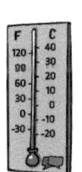

ቴርሞመተር

dat Thermometer

ብርሃን ጸሓይ

de Sünnenschien

ደበና

de Wulk

ግመ

de Nevel

ጠሊ

de Luftfuchtigkeit

ብርቂ

de Blitz

ነጒዳ

de Dunner

ህቦብላ

de Storm

በረድ

de Hagel

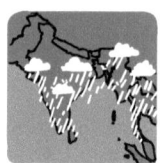

ብርቱዕ ህቦብላ

de Monsun

ውሕጅ

de Floot

በረድ

dat les

ጥሪ

de Januormaand

ለካቲት

de Februormaand

መጋቢት

de Martmaand

ሚያዝያ

de Aprilmaand

ጉንበት

de Maimaand

ሰነ

de Junimaand

ሓምለ

de Julimaand

ነሓሰ

de Augustmaand

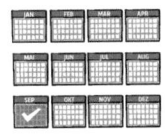

መስከረም
....
de Septembermaand

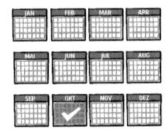

ጥቅምቲ
....
de Oktobermaand

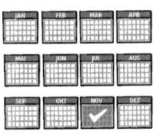

ሕዳር
....
de Novembermaand

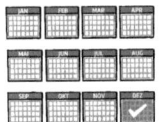

ታሕሳስ
....
de Dezembermaand

ቅርጻታት

de Formen

ዙርያ
....
de Krink

ትርብዒት
....
dat Quadrat

ቅኑዕ ርቡዕ ኩርናዕ
....
dat Rechteck

ስሉስ ኩርናዕ
....
dat Dreeeck

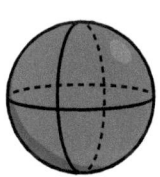

ክቢ
....
de Kugel

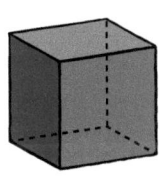

ኩቦ
....
de Wörpel

ጸዕዳ

witt

ብጫ

geel

ኣራንጂ

orangsch

ፒንክ

pink

ቀይሕ

root

ጁ'ክ

lila

ሰማያዊ

blau

ቀጠልያ

gröön

ቡናዊ

bruun

ሓሙኽሽታይ

gries

ጸሊም

swart

ብዙሕ / ውሑድ
veel / wenig

ሕሩቕ / ሰላማዊ
böös / verdreeglich

ጽቡቕ / ክፉእ
smuck / mies

መጀመርያ / መወዳእታ
de Begünn / dat Enn

ዓቢ / ንእሽቶ
groot / lütt

ብሩህ / ጸልማት
hell / düüster

ሓው / ሓፍቲ
de Broder / de Süster

ጽሩይ / ርሳሕ
schier / schietig

ምሉእ / ዘይምሉእ
kumpleet / nich kumplcct

መዓልቲ / ለይቲ
de Dag / de Nacht

ሙዉት / ህልው
doot / lebennig

ሰፊሕ / ጸቢብ
breet / small

ደስ ዘበለ / ደስ ዘይብል
....
geneetbor / nich geneetbor

እኩይ / ህያዋይ
....
böös / fründlich

ርቡጽ / ስልኩይ
....
fickerig / langwielt

ረጊድ / ቀጢን
....
dick / dünn

ቀዳማይ / ናይ መወዳእታ
....
toeerst / toletzt

ዓርኪ / ጸላኢ
....
de Fründ / de Fiend

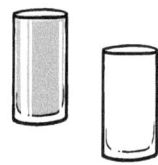

ምሉእ / ባዶ
....
vull / leddig

ተሪር / ልስሉስ
....
hart / week

ከቢድ / ፈኩስ
....
swoor / licht

ጥምየት / ጽምየት
....
de Smacht / de Döst

ሕሙም / ጥዑይ
....
krank / gesund

ዘይሕጋዊ / ሕጋዊ
....
nich na't Recht / na't Recht

መስተውዓሊ / ስዲ
....
klook / dummerhaftig

ጸጋም / የማን
....
linkerhand / rechterhand

ቾረባ / ርሑቕ
....
neeg / feern

ሓዲሽ / ብሉይ
....
nieg / bruukt

ዋላ ሓደ / ጐለ
....
nix / wat

ዓቢ./ኣረጊት / መንእሰይ
....
oolt / jung

ወልዕ / ኣጥፍእ
....
an / ut

ክፉት / ዕጹው
....
apen / slaten

ህዱእ / ዓው
....
lies / luut

ሃብታም / ድኻ
....
riek / arm

ቅኑዕ / ግጉይ
....
richtig / verkehrt

ሓርፋፍ / ልሙጽ
....
ruug / glatt

ጉሁይ / ሕጉስ
....
trurig / glücklich

ሓጺር / ነዊሕ
....
kort / lang

ቀስ / ቅልጡፍ
....
suutje / flink

ጥሉል / ንቑጽ
....
natt / dröög

ምዉቕ / ዝሑል
....
warm / köhl

ውግእ / ሰላም
....
de Krieg / de Freden

አንጻራት - de Gegendelen

0

ዜሮ

null

1

ሓደ

een

2

ክልተ

twee

3

ሰለስተ

dree

4

ኣርባዕተ

veer

5

ሓሙሽተ

fief

6

ሽዱሽተ

söss

7

ሸውዓተ

söven

8

ሸሞንተ

acht

9

ትሽዓተ

negen

10

ዓሰርተ

teihn

11

ዓሰርተ ሓደ

ölven

12
ዓሰርተ ክልተ
twölf

13
ዓሰርተ ሰለስተ
dörteihn

14
ዓሰርተ አርባዕተ
veerteihn

15
ዓሰርተ ሓሙሽተ
föffteihn

16
ዓሰርተ ሽዱሽተ
sössteihn

17
ዓሰርተ ሸውዓተ
söventeihn

18
ዓሰርተ ሸሞንተ
achtteihn

19
ዓሰርተ ትሽዓተ
negenteihn

20
ዕስራ
twintig

100
ሚእቲ
hunnert

1.000
ሽሕ
dusend

1.000.000
ሚልዮን
million

እንግሊዝኛ

dat Engelsch

አመሪካዊ እንግሊዛዊ

dat Amerikaansch Engelsch

ቻይናዊ ማንዳሪን

dat Chineesch Mandarin

ሂንዳዊ

dat Hindi

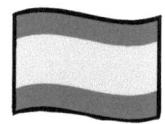

እስጳኛዊ

dat Spaansch

ፈረንሳዊ

dat Franzöösch

ዓረባዊ

dat Araabsch

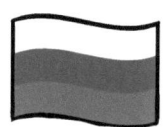

ሩሲያዊ

dat Rusch

ፖርቱጋላዊ

dat Portugiesch

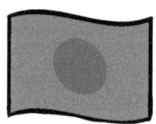

በንጋሊ

dat Bengaalsch

ጀርመናዊ

dat Düütsch

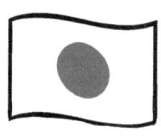

ጃፓናዊ

dat Japaansch

አነ

ik

ንስኻ/ኺ.

du

ንሱ / ንሳ / ንሱ

he / se / dat

ንሕና

wi

ንስኻ

ji

ንሳቶም

se

መን?

keen?

እንታይ?

wat?

ከመይ?

woans?

ኣበይ?

woneem?

መዓስ?

wannehr?

ሽም

de Naam

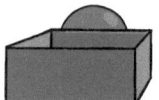

ድሕሪ

achter

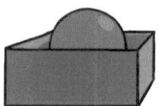

ኣብ

in

ኣብ ቅድሚ

vör

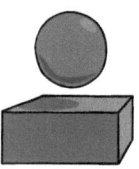

ኣብ ላዕሊ

över

ኣብ ልዕሊ

op

ትሕቲ ምድሪ

ünner

ኣብ ጥቓ

blangen

ኣብ መንጎ

twüschen

ቦታ

de Oort